LA VÉRITABLE HISTOIRE

Collection
dirigée
par
Jean Malye

DANS LA MÊME COLLECTION

Caligula
Périclès
Alexandre le Grand
Marc Aurèle
Alcibiade

À PARAÎTRE

Les héros de Sparte
Le premier empereur de Chine
Julien
Pompée
Commode
Thémistocle
Les femmes grecques célèbres
Hannibal
Néron
Jules César
Cicéron
Antoine et Cléopâtre

LA VÉRITABLE HISTOIRE DE CONSTANTIN

Textes réunis et commentés
par
Pierre Maraval

LES BELLES LETTRES
2010

Pour consulter notre catalogue
et découvrir nos nouveautés
www.lesbelleslettres.com

95, boulevard Raspail 75006 Paris.
www.lesbelleslettres.com

ISBN : 978-2-251-04006-6

UN ENTRETIEN AU PALAIS

Nous sommes en 293 après J.-C. : l'empereur Dioclétien renforce l'efficacité du pouvoir en mettant à la tête de l'Empire romain quatre empereurs, ce qu'on appelle la tétrarchie. Elle se compose de deux Augustes, Dioclétien lui-même, premier Auguste, et Maximien Hercule, chacun étant flanqué d'un César, Dioclétien de Galère, Maximien de Constance Chlore.

Le territoire est réparti entre les deux Augustes et leurs Césars. Chaque tétrarque dispose d'une résidence principale et d'un théâtre d'opérations : Dioclétien, depuis Nicomédie, suit les affaires d'Asie et d'Égypte ; Maximien, à Milan ou Aquilée, a la responsabilité de l'Italie, l'Afrique et l'Hispanie ; Galère, à Sirmium, est responsable de l'Illyrie et des régions du Danube ; Constance Chlore, à Trèves, est chargé de la Bretagne et de la Gaule (et plus tard de l'Hispanie).

Chaque décret est signé conjointement par les quatre souverains, mais les décisions prises par les Augustes, la plus haute dignité, et par Dioclétien qui conserve la suprématie, prévalent. Rome perd de son importance, mais elle reste la capitale théorique de l'Empire et le siège du Sénat.

Depuis la mort d'Aurélien en 275, les barbares et les Perses menacent les frontières de l'Empire. Dioclétien refoule les premiers au-delà du Rhin et du Danube et les seconds au-delà de l'Euphrate. Il renforce également le limes, *ce grand rempart qui court le long des frontières, jalonné de forts et de garnisons.*

Parce qu'il estime que les responsables de l'Empire doivent être dans la force de l'âge pour être capables de faire face aux problèmes qui se posent et commander l'Empire, Dioclétien fixe à vingt ans la durée de règne des Augustes. Ceux-ci, lors des fêtes des vicennalia, *devront transmettre leur charge à leurs Césars, après avoir procédé à la nomination de deux nouveaux Césars, choisis en fonction de leur valeur et non de leur parenté avec les Augustes.*

Conformément à ce qu'il avait établi, Dioclétien décide donc, en 305, de démissionner et de faire démissionner Maximien, avec pour conséquence que les deux Césars deviennent Augustes et qu'il faut leur choisir des Césars. Lactance a imaginé le débat de Dioclétien et de Galère sur le choix de ces Césars.

Il restait à obtenir l'accord de tous sur le choix des Césars.

– Galère : À quoi bon un accord, puisqu'il faudra que ces deux hommes acquiescent à tout ce que nous aurons fait ?

– Dioclétien : C'est bien ainsi, puisque ce sont leurs fils qu'il faut proclamer.

Maximien avait en effet un fils, Maxence, gendre de Galère, homme à l'esprit malfaisant et pervers, si orgueilleux et si entêté qu'il refusait obstinément l'adoration à son beau-père, ce qui l'avait fait prendre en aversion par tous deux. Constance avait, lui aussi, un fils, Constantin, jeune homme irréprochable et parfaitement digne de cette haute charge, qui, pour sa brillante prestance, ses états de service dans l'armée, l'honnêteté de ses mœurs et son extrême affabilité, était aimé des soldats et désiré des simples particuliers. De plus, il se trouvait alors à la cour de Dioclétien, qui en avait fait depuis quelque temps déjà un tribun du premier rang.

– Que faire donc ?

– Maxence n'est pas digne d'être choisi. Lui qui, simple homme privé, m'a méprisé, que fera-t-il lorsqu'il aura reçu l'Empire ?

– Mais Constantin a tout pour plaire, et lorsqu'il règnera, on le jugera meilleur et plus clément que son père.

– Il s'en suivra que je ne pourrai plus faire ce que je voudrai. Il faut donc proclamer ceux qui sont sous ma coupe, qui me craignent et ne font rien sans mon ordre.

– Qui prendrons-nous donc ?

– Sévère.

– Ce danseur agité, cet ivrogne, pour qui le jour est la nuit et la nuit le jour ?

– Il est digne, car il s'est montré fidèle à la tête des soldats. Je l'ai envoyé à Maximien, pour qu'il le revête de la pourpre.

– Soit. Mais quel autre proposes-tu ?

– Celui-ci, dit Galère en montrant un certain Daïa, un jeune homme à demi barbare auquel il avait ordonné récemment de prendre, d'après le sien, le nom de Maximin. [...]

– Qui est cet homme que tu me présentes ?

– Mon parent.

– Tu me donnes des gens incapables, répond Dioclétien en gémissant, à qui on ne saurait confier la garde de l'État.

– Je les ai éprouvés.

– Ce sera ton affaire, puisque tu vas prendre en mains les rênes de l'Empire. Pour moi, j'ai assez travaillé et agi de telle manière que l'État reste sans dommage sous mon règne. Si quelque malheur arrive, ce ne sera pas ma faute.

Lactance, *La Mort des persécuteurs*, XVIII.

CONSTANTIN À LA COUR DE DIOCLÉTIEN ET GALÈRE

272/277 - 305

Constantin est né un 27 février entre 272 et 277, à Naissus, aujourd'hui Nish en Serbie. Son père, Constance Chlore, après avoir fait carrière dans l'armée, avait été nommé César par Dioclétien en mars 293 et était devenu Auguste en mai 305. Sa mère, Hélène, était la concubine de Constance.

Constance, petit-fils par son frère du divin Claude[1] l'excellent prince, d'abord protecteur, puis tribun, fut ensuite gouverneur des Dalmaties. Il fut fait César par Dioclétien avec Galère. Ayant quitté Hélène, sa première épouse, il épousa Théodora, fille de Maximien, de laquelle il eut ensuite six enfants, frères de Constantin[2] ; mais de sa première épouse Hélène il eut Constantin, qui fut ensuite un prince très puissant. Ce Constantin, né d'une mère de très basse extraction, Hélène, dans la place forte de Naissus, qu'il orna magnifiquement par la suite, était peu instruit dans les lettres. Otage auprès de Dioclétien et Galère, il servit vaillamment sous leurs ordres en Asie.

Anonyme de Valois, I, 1-2.

1. Claude le Gothique.

2. En fait trois demi-frères et trois demi-sœurs : Fl. Dalmatius, Jules Constance, Hannibalianus, Constantia, Eutropia, Anastasia.

Constantin est élevé à la cour de Dioclétien. Ses vertus et ses exploits lui valent la jalousie, selon les uns de Dioclétien, selon les autres de Galère.

Constantin vivait alors avec ses collègues impériaux, au milieu d'eux, et il se conduisait de la même façon que le prophète de Dieu[3]. Passé de l'enfance à la jeunesse, il était tenu en grande estime parmi eux, comme nous l'avons constaté nous-même quand il passa par la Palestine avec le plus ancien des empereurs[4] : debout à sa droite, il était pour ceux qui pouvaient le voir un des plus remarquables, montrant déjà les signes d'un état d'esprit impérial. Pour la beauté du corps, la grâce, la prestance, nul ne pouvait être comparé à lui ; sa force physique était telle qu'il surpassait ses contemporains, jusqu'à leur faire peur. Mais c'est par les vertus de son âme plutôt que par sa supériorité physique qu'il l'emportait, son âme ennoblie d'abord par sa tempérance, se distinguant ensuite par l'excellence de son éducation rhétorique, son intelligence innée et sa sagesse donnée par Dieu.

Eusèbe de Césarée, *Vie de Constantin*, I, XIX.

Constantin, auprès de Dioclétien, avait le rang et la dignité de ceux que les Romains appellent domestiques, et il paraissait être de beaucoup le meilleur parmi ses compagnons, montrant là où il le fallait un jugement

3. Moïse, à la cour du pharaon (voir *Exode* 2, 10).

4. Ce passage en Palestine dut avoir lieu en 297/298, quand Dioclétien se rendit en Égypte pour écraser la révolte provoquée par l'usurpation de Domitius Domitianus. Constantin était alors âgé d'une vingtaine d'années.

ferme et solide et discernant avec sûreté ce qu'il y avait à faire, ce qu'il fallait accomplir dans les exercices, et y faisant preuve d'une grande force. Comme sa vertu et sa force grandissaient avec le temps, Dioclétien devint plein d'envie et, prenant en suspicion le dynamisme de Constantin, réfléchit au moyen de le faire périr d'une manière autant que possible cachée, en dissimulant sa ruse. Il était alors habituel, lors des fêtes, que la formation à laquelle appartenait Constantin combatte contre des bêtes, redoutables par ailleurs, mais dépourvues de leurs dents, pour que le combat, réalisé sans danger, prenne fin pour le plaisir et l'agrément plutôt que par des blessures. Dioclétien lui-même, après en avoir fait d'abord descendre quelques autres dans l'arène pour un tel combat, ordonnait ensuite à Constantin lui-même d'y descendre, mais il prescrivait en secret à ceux qui s'occupaient des bêtes de lancer contre lui celles qui étaient vigoureuses et qui avaient leur force native. Celui-ci descendit au combat, ne se doutant nullement de la machination. Un lion fut d'abord lancé contre lui, une bête énorme et redoutable ; alors Constantin, qui disposait évidemment de l'assistance divine, qui connaît d'avance l'avenir, tua le lion. On lança contre lui un ours très féroce, et en plus une panthère : Constantin, vainqueur par l'action de la droite de Dieu plus que par celle de sa propre force, remporta comme prix de sa victoire d'être sauvé de ces dangers. Aussi Dioclétien, trompé dans son attente, feignait alors de s'indigner contre ceux qui avaient envoyé les bêtes contre lui.

Vie de Constantin du *Codex Sabaiticus*, d'après Philostorge.

Constantin lui-même a évoqué le voyage qu'il fit en Égypte en compagnie de Dioclétien.

Memphis et Babylone, dit l'Écriture, seront dévastées et laissées désertes avec leurs dieux ancestraux. Cela, je ne le dis pas par ouï-dire, mais je m'y suis rendu et j'ai vu de mes yeux la plus misérable de ces cités, la malheureuse Memphis.

Constantin, *Discours à l'assemblée des saints*, 16.

En 303 et 304, par quatre édits successifs, Dioclétien tente de mettre un terme au développement du christianisme, qui avait fait de grands progrès dans l'Empire, en particulier en Orient, car il le considérait comme une menace pour son unité.

C'était la dix-neuvième année du règne de Dioclétien [...]. Soudain des lettres étaient partout publiées : les unes ordonnaient de détruire les églises jusqu'au sol, les autres de faire disparaître les Écritures par le feu ; elles déclaraient déchus ceux qui étaient titulaires d'une charge et privés de la liberté les fonctionnaires impériaux s'ils persévéraient dans leur résolution de christianisme. Telle était la portée du premier édit contre nous. Peu après survinrent d'autres lettres : on ordonnait d'abord de mettre partout dans les chaînes tous les chefs des Églises, ensuite, un peu plus tard, de les forcer à sacrifier par tous les moyens [...].

La seconde année (furent publiées) des lettres impériales dans lesquelles, en vertu d'un édit universel, il était ordonné que tout le monde, dans chaque ville, sacrifie et fasse des libations aux idoles.

Eusèbe de Césarée, *Les Martyrs de Palestine*,
prologue et III, 1.

La persécution devait sévir jusqu'en 311, voire 312, de manière différente suivant les régions de l'Empire. Maximien fit appliquer sévèrement les édits dans les Balkans, l'Italie, l'Afrique du Nord (dans cette région, la persécution fut particulièrement violente entre 303 et 305), Constance Chlore se contenta d'appliquer sans excès de zèle le premier édit dans ses territoires de Gaule et d'Espagne. En Orient, Dioclétien, puis Galère, et surtout son César Maximin Daïa, parfois bien secondés par des gouverneurs hostiles aux chrétiens, firent appliquer les édits avec rigueur. Certaines régions furent particulièrement touchées, comme la Palestine ou l'Égypte. L'édit de tolérance de Galère, en 311, reconnut enfin l'échec de la persécution, que Maximin poursuivit toutefois dans son territoire jusqu'en 312. Comme les précédentes, cette persécution provoqua la chute de beaucoup de chrétiens, qu'une longue période de paix n'avait pas préparés à cette violente attaque, mais fit aussi de nombreuses victimes, qui reçurent le nom de « martyrs » (témoins).

On estime que Galère a joué un rôle dans les décisions prises par Dioclétien ; mais dans la lettre qu'il adresse en 324 aux provinciaux d'Orient, Constantin rapporte un épisode dont il fut témoin à la cour et dans lequel il voit l'origine de cette persécution.

Apollon un jour a déclaré, dit-on, de quelque caverne ou ténébreux repaire – et non certes du ciel – que les justes sur terre l'empêchaient de dire la vérité, et que c'était à cause de cela qu'il émettait de faux oracles à partir des trépieds[5]. C'est ce que sa prêtresse, déroulant sa sombre chevelure et poussée par sa folie, déplorait comme un mal pour l'humanité. Mais voyons à quel

5. Siège où est assise la prêtresse et d'où elle rend son oracle.

résultat cela a abouti. Je t'invoque maintenant, Dieu très haut. J'entendis, lorsque j'étais encore un enfant, comment celui qui à cette époque tenait le premier rang parmi les empereurs romains[6], un couard, un vrai couard, son esprit trompé par l'erreur, demandait anxieusement à ses gardes quels pouvaient être les justes sur terre. Un des sacrificateurs de sa cour répondit : « Les chrétiens, je suppose. » Ayant avalé cette réponse comme du miel, il dirigeait contre la sainteté irréprochable les épées destinées à punir le crime. Aussitôt il rédigeait des édits de carnage, comme des piques meurtrières, et pressait les magistrats d'appliquer leur ingéniosité naturelle à inventer de nouvelles tortures.

Constantin, cité par Eusèbe de Césarée,
Vie de Constantin, II, L-LI.

Le 1er mai 305, Dioclétien abdique et fait abdiquer Maximien Hercule, le second Auguste : Galère et Constance Chlore deviennent Augustes. Constantin s'attend à être nommé César.

Tous les regards étaient fixés sur Constantin ; personne n'avait de doute : les soldats présents et les officiers choisis pour représenter les légions ne regardaient que lui ; toute la joie, tous les désirs, tous les vœux étaient pour lui.

C'est au sommet d'une éminence située à environ trois milles de la ville[7] que Galère avait lui-même pris la pourpre ; on y avait élevé une colonne avec une statue de Jupiter. C'est là qu'on se rendit. L'assemblée

6. Dioclétien.
7. Nicomédie.

des soldats y est convoquée. Le vieillard[8], tout en larmes, prend la parole en premier. Il dit aux soldats qu'il est malade, qu'il aspire au repos après tant de fatigues, qu'il transmet le pouvoir à des mains plus robustes et remplace les Césars. Chacun attendait impatiemment ses dispositions. Alors, tout à coup, il proclame Césars Sévère et Maximin. Tous sont frappés de stupeur. Constantin se tenait là-haut, sur la tribune. Tous s'interrogeaient avec embarras : le nom de Constantin aurait-il été modifié ? Soudain, à la face de tous, Maximien repoussa Constantin et, d'un geste de la main, fit paraître devant lui Daïa, qui se trouvait en arrière, et le fit passer au milieu après lui avoir enlevé son habit d'homme privé.

Lactance, *La Mort des persécuteurs*, XIX, 1-4.

8. Dioclétien.

LA FUITE EN BRETAGNE ET LA PROMOTION IMPÉRIALE

305 - 306

Constantin s'enfuit alors vers la Bretagne et rejoint son père. Ambition ou crainte justifiée des embûches que lui tendent Dioclétien et Galère ? Les historiens invoquent ces deux motifs.

Son père étant mort quelque temps après son arrivée, Constantin, le 25 juillet 306, est proclamé Auguste par ses troupes. Galère, à contrecœur, le reconnaît comme César, mais nomme Sévère Auguste.

Constance, gravement malade, lui avait demandé par lettre de lui renvoyer son fils Constantin, qu'il avait depuis longtemps réclamé sans résultat. Mais rien n'entrait moins dans les intentions de Galère. Celui-ci, en effet, s'était attaqué à plusieurs reprises au jeune prince, mais de manière insidieuse, car il n'osait rien tenter ouvertement, de peur de provoquer contre lui une guerre civile, et surtout la haine des soldats, qu'il redoutait par-dessus tout. Sous prétexte d'exercice et de jeux, il l'avait exposé aux bêtes, mais en vain, car la main de Dieu protégeait Constantin ; elle le retira de ses mains dans cette épreuve elle-même. Car après plusieurs demandes, Galère, ne pouvant refuser plus longtemps, lui remit un ordre de marche[1] à la tombée du

1. C'est le sceau authentifiant le passeport qui permet l'usage de la poste publique.

jour, mais il lui enjoignit de ne partir que le lendemain matin, après avoir reçu des instructions, soit qu'il ait eu l'arrière-pensée de le retenir sous quelque prétexte, soit qu'il voulût le faire précéder d'une lettre enjoignant à Sévère de l'arrêter. Soupçonnant ses intentions, Constantin, pendant que l'empereur reposait après le repas, se hâte de partir. Il s'enfuit à toutes brides en faisant abattre derrière lui les chevaux de toute une suite de relais. Le lendemain, l'empereur, qui avait à dessein prolongé son sommeil jusqu'au milieu du jour, le fait appeler. On lui dit que Constantin était parti aussitôt après le repas du soir. Indignation, fureur : il fait réclamer les chevaux des relais pour l'obliger à revenir. On vient lui dire que la poste a été dépouillée des bêtes de remonte. À peine peut-il retenir ses larmes. Cependant Constantin, après avoir voyagé à une vitesse incroyable, parvint chez son père, dont les jours déclinaient déjà. Celui-ci, après l'avoir recommandé à ses soldats, lui transmit l'Empire de ses mains et mourut tranquillement dans son lit, selon son désir.

Lactance, *La Mort des persécuteurs*, XXIV.

Après que Dioclétien et Maximien eurent déposé l'Empire, Constance le redemanda à Galère, mais Galère l'exposa à de nombreux dangers. Car chez les Sarmates, le jeune homme, combattant à cheval, avait conduit un féroce barbare, saisi par les cheveux, aux pieds de l'empereur Galère ; ensuite, comme Galère l'envoyait à travers un marais, entré dans celui-ci avec son cheval, il ouvrit la voie aux autres vers les Sarmates ; beaucoup d'entre eux furent tués et il rapporta la victoire à Galère. C'est alors que Galère le rendit à son père.

Pour éviter Sévère[2] en traversant l'Italie, ayant franchi les Alpes avec la plus grande hâte, après avoir abattu les chevaux de poste derrière lui, il arrive auprès de son père à Boulogne. Après sa victoire sur les Pictes, son père meurt à Eboracum[3], et Constantin, du consentement de tous les soldats, est déclaré César.

Anonyme de Valois, II, 3-4.

Étant dans sa jeunesse retenu en otage à Rome par Galère sous un prétexte religieux, il prit la fuite et, pour déjouer ses poursuivants, tua partout sur son passage les chevaux de la poste publique ; il parvint en Bretagne auprès de son père qui y séjournait ; et il se trouve qu'au même moment, là même, la vie de son père Constance tirait à sa fin. À sa mort, avec l'appui de toute l'assistance, et surtout du roi des Alamans Crocus, qui avait accompagné son père en qualité d'auxiliaire, il prend le pouvoir.

Pseudo-Aurélius Victor, *Abrégé des Césars*, XLI, 2-3.

Constantin, déjà possédé par l'idée du pouvoir impérial et rempli d'un désir accru après que Sévère et Maximin eurent obtenu la dignité de César, décida de quitter l'endroit où il demeurait et de se rendre auprès de son père Constance, qui se trouvait dans les provinces transalpines et avait sa résidence fixe en Bretagne. Comme il craignait d'être tôt ou tard arrêté dans sa fuite – en effet, pour beaucoup déjà, le désir qui le tenait de s'emparer du pouvoir impérial était notoire –, il mutilait dans les relais les chevaux qui

2. Celui qui avait été nommé César à sa place.
3. York.

étaient entretenus aux frais de l'État quand il passait le relais, les abandonnait une fois rendus inutilisables et se servait des chevaux stationnés plus loin ; en agissant de même à chaque étape, il empêcha l'avance de ceux qui le poursuivaient et s'approcha lui-même des provinces où se trouvait son père.

Or, il arriva que l'empereur Constance mourut juste à ce moment ; les soldats de la cour estimèrent qu'aucun de ses enfants légitimes n'était capable d'assumer l'Empire et, constatant par ailleurs que Constantin avait une belle prestance et en même temps exaltés par l'espoir de magnifiques cadeaux, ils revêtirent ce dernier de la dignité de César.

Zosime, *Histoire nouvelle*, II, VIII, 2-3 ; IX, 1.

Quelques jours après la proclamation de Constantin comme empereur, on apporta à la bête malfaisante[4] l'image de Constantin couronné de lauriers. Il se demanda longtemps s'il allait l'accepter, au point qu'il faillit la faire brûler avec celui qui l'avait apportée, mais ses amis le détournèrent de cette folie en lui représentant qu'il risquait fort de voir tous les soldats se ranger du côté de Constantin. [...]

Galère accepta donc l'image, quoique de très mauvais gré, et il envoya la pourpre au jeune prince, pour se donner l'air de l'avoir associé à l'Empire de son propre choix. Déjà ses calculs avaient été déjoués, et il ne pouvait plus prendre en dehors un nouvel Auguste, comme il en avait l'intention. Mais il imagine de donner ce titre à Sévère, qui était plus âgé, et de ne point accorder à Constantin celui

4. Galère.

d'empereur qu'il avait reçu, mais de le faire appeler César, comme Maximin, afin de le rejeter du second au quatrième rang.

Lactance, *La Mort des persécuteurs*, XXV.

CONSTANTIN, CÉSAR EN OCCIDENT

306 - 310

Jeune empereur à 30/35 ans[1]*, Constantin fait campagne en 307, 308 et 310 contre les Francs et les Alamans, que son père avait déjà souvent repoussés.*

Fils d'un empereur et d'un si grand empereur, parvenu toi-même si heureusement à l'Empire, de quelle façon as-tu commencé à protéger l'État ? Une méprisable bande de barbares qui, par une irruption soudaine et un brigandage imprévu, avait voulu, je crois, mettre à l'épreuve les débuts de ton autorité naissante fut châtiée par toi de sa témérité. Les rois francs eux-mêmes qui, profitant de l'absence de ton père, avaient violé la paix, tu n'hésitas pas à leur infliger les derniers supplices, sans rien redouter de la haine éternelle et des rancunes implacables de ce peuple. Tu as fait revivre, empereur, cette confiance que l'Empire romain avait anciennement en lui-même et qui se vengeait par la mort sur la personne des chefs prisonniers. [...]

C'est ainsi, empereur, que tu as assuré la paix dont nous jouissons. Notre rempart, ce ne sont plus les tourbillons du Rhin, c'est la terreur de ton nom. Libre à lui de tarir ses eaux à la canicule ou de les immobiliser sous

1. Il a été proclamé Auguste par ses troupes, mais accepte un temps de se contenter du titre de César, que Galère a été contraint de lui accorder (voir page précédente).

le gel. Ni dans un cas ni dans l'autre l'ennemi n'osera lui demander le passage. Il n'est pas de contrée que la nature ferme d'une manière insurmontable et interdit à l'audace, si du moins il reste à celle-ci quelque espérance en l'effort. Le rempart inexpugnable, c'est celui que bâtit une réputation de vaillance. Les Francs savent qu'ils peuvent franchir le Rhin : volontiers tu les laisserais entrer pour leur propre perte ; ils ne peuvent espérer ni victoire ni pardon. Le sort qui les attendrait, ils en jugent par les tortures infligées à leurs rois, et c'est pourquoi, bien loin de préparer le passage du fleuve, ils se désespèrent plutôt de voir le pont que tu as entrepris. Où est désormais votre arrogance ? où, votre éternelle inconstance et votre perfidie ? Désormais, vous n'osez même pas habiter à quelque distance du Rhin, et c'est à peine si vous vous sentez en sûreté quand vous buvez l'eau de vos fleuves à l'intérieur de votre pays. Par contre, les forts échelonnés de distance en distance sur notre rive sont pour la frontière un ornement plus qu'une protection. Sur l'autre rive, jadis si redoutable, le cultivateur laboure sans armes et nos troupeaux se baignent sur toute l'étendue du fleuve aux deux bras. Voilà, Constantin, ta victoire quotidienne et éternelle, que tu dois au supplice d'Ascaric et de Mérogaise et qu'il faut préférer à tous les succès de jadis. [...]

En portant même la dévastation dans le pays des Bructères, tu as réussi, empereur invincible, à décourager de toutes façons la férocité des barbares et à faire déplorer à tes ennemis autre chose que le supplice de leurs rois. Dans l'exécution de ton dessein, la première mesure fut de passer soudainement le fleuve avec ton armée et d'attaquer l'adversaire à l'improviste. Ce n'était pas qu'une bataille en rase campagne te fît peur : tu étais homme à préférer une rencontre au grand jour, mais tu voulais ôter à cette nation, habituée à éluder la guerre en se réfugiant dans les forêts et les marécages, le temps de prendre la fuite. Une foule innombrable fut massacrée, un nombre considérable de prisonniers fut fait. Tout le bétail fut emmené ou égorgé, tous les villages incendiés. Les adultes tombés entre tes mains que leur perfidie rendait inaptes au service militaire ou leur arrogance impropres à la servitude furent, pour leur châtiment, donnés en spectacle à la multitude et leur multitude lassa la cruauté des fauves. [...]

De plus, en établissant un pont à Cologne, tu braves les débris de la nation terrassée, tu l'obliges à ne jamais cesser de craindre, à trembler toujours, à tendre toujours des mains suppliantes : cependant tu songes plus à la gloire de ton Empire et à l'ornement de la frontière qu'à te donner les moyens, chaque fois que tu le voudras, de passer en territoire ennemi, car le Rhin est sur toute sa longueur couvert de navires armés et sur toutes ses rives, jusqu'à l'Océan, tes troupes sont postées, menaçantes. [...] Ce qui est certain, c'est que ce pont, dès le début de sa construction, a provoqué la soumission des ennemis qui sont venus en suppliants te demander la paix et offrir des otages des plus nobles familles. Peut-on douter, dès lors, de ce qu'ils feront une fois le pont achevé, puisqu'ils se soumettent à toi dès qu'il est commencé ?

Panégyrique anonyme de Constantin (310), X-XIII.

CONSTANTIN ET MAXIMIEN HERCULE

306 - 310

Pour remplacer Constance Chlore, Galère nomme Auguste le César Sévère. Cette nomination, et la reconnaissance de Constantin comme César, provoquent la révolte du fils de Maximien, Maxence, qui prend la pourpre à Rome le 28 octobre 306, appuyé par les prétoriens ; il se déclare César, puis Auguste en 307. Il a alors un peu moins de trente ans. Son père Maximien le rejoint et reprend le titre d'Auguste. Galère envoie contre eux Sévère, qui est battu et mis à mort en septembre 307 ; lui-même essaie en vain d'assiéger Maxence. Pendant ce temps, Maximien se rend à Trèves auprès de Constantin, qu'il reconnaît comme Auguste et à qui il fait épouser sa fille Fausta, le 31 mars 307.

Le panégyrique de Maximien et Constantin prononcé à l'occasion du mariage de Constantin et de Fausta, alors que les deux empereurs sont en pleine entente, souligne la légitimité impériale de Constantin, que renforce sa reconnaissance par Maximien. Il veut aussi faire croire que Maximien et Constantin gouvernent en parfaite harmonie, Constantin restant cependant au second rang.

Ta maturité est telle que tu t'es contenté du titre de César, alors que ton père t'avait laissé l'Empire, et tu as préféré attendre d'être déclaré Auguste par le même prince que ton père l'avait été. Tu estimais en effet que l'Empire serait plus honorable si, au lieu de l'accepter comme un héritage et par droit de succession, tu l'obtenais du souverain empereur comme la récompense due à tes mérites. Il n'est pas douteux que l'accès au pouvoir impérial t'était ménagé de bonne heure par celui qui, depuis longtemps déjà, t'avait spontanément choisi comme gendre, avant que tu ne fusses en état de lui demander sa fille. [...]

Toi, père[1], il convient que, du haut de l'Empire, tu jettes les yeux sur le monde qui vous est commun, que d'un signe de ta tête divine tu fixes les destins de l'humanité, que tu prennes les auspices pour les expéditions qui s'apprêtent, que tu dictes les clauses de paix. Pour toi, jeune empereur, il te fait aller, sans te lasser, le long des frontières où l'Empire romain serre de près les peuples barbares, adresser fréquemment à ton beau-père tes bulletins de victoire ornés de lauriers, demander des ordres, rendre compte des résultats. Vous réussirez ainsi à n'avoir à vous deux qu'une seule âme qui décide, à avoir en chacun de vous la force de deux princes.

Panégyrique de Maximien et Constantin,
VI, 3 - VII, 1 ; XIV, 1-2.

En avril 308, Maximien se brouille avec son fils Maxence et est expulsé de Rome ; le 11 novembre 308, à la conférence de Carnuntum, Dioclétien l'oblige à déposer la pourpre une deuxième fois. Après cela, Maximien se rend de nouveau en Gaule, où il complote bientôt contre Constantin. Il reprend à l'automne 309 son titre d'Auguste et s'installe à Arles, puis à Marseille. C'est lui que Constantin va éliminer en premier, en janvier 310.

1. Maximien.

N'est-ce pas la loi inéluctable du destin qui a poussé cet homme[2] à te payer ainsi de ta bonté, alors que, chassé de Rome, banni de l'Italie, écarté de l'Illyrie, il avait trouvé refuge dans tes provinces, au milieu de tes troupes, dans ton palais ?

Qu'a-t-il voulu, je le demande ? Qu'a-t-il souhaité ? Que voulait-il acquérir de plus que ce qu'il avait reçu de toi ? Tu lui avais donné les biens les plus considérables et les plus divers, les loisirs d'un simple particulier et l'opulence d'un roi, à son départ les mules et les voitures de la cour ; tu nous avais recommandé de lui fournir nos prestations avec plus d'empressement encore qu'à toi, et tu avais décidé d'obéir si strictement à ses ordres que l'apparence du pouvoir était à toi, à lui la réalité. Quelle fut donc, je ne dis pas cette passion effrénée de l'autorité (que n'aurait-il pas pu sous ton règne ?), mais cette aberration d'un âge où la raison déjà s'égare, pour qu'un homme si chargé d'années affrontât les plus accablants soucis et la guerre civile ? [...]

Qu'est-il advenu de la parole donnée, de l'engagement solennel pris au palais, au cœur du sanctuaire ? On l'a vu faire route avec lenteur et circonspection, méditant déjà sans doute ses plans de guerre, épuiser les ressources des magasins de vivres pour empêcher une armée de le poursuivre, s'installer soudain entre quatre murs, revêtu de la pourpre, prendre, pour la troisième fois, la puissance impériale deux fois déposée, envoyer des lettres aux armées pour les entraîner à sa suite, tenter d'ébranler la fidélité des soldats par la promesse des récompenses, comme s'il eût pu compter sur une armée à qui il aurait appris à vendre ses bras ! L'aberration

2. Maximien.

de cet homme a fait voir clairement, empereur, de quel amour t'entouraient les soldats : ils t'ont préféré à tous les cadeaux qu'il leur avait promis, à toutes les distinctions qu'il leur avait offertes. [...]

Aussi, à peine avaient-ils appris cet abominable forfait qu'ils te demandèrent eux-mêmes le signal du départ. Comme tu leur remettais des provisions pour la route, ils te déclarèrent que cette distribution les retardait et qu'ils avaient déjà, grâce à tes largesses, des vivres plus que suffisants. Puis ils saisirent leurs armes, gagnèrent les portes et accomplirent d'une seule traite les étapes si longues qui mènent du Rhin à la Saône, le corps jamais las, l'âme ardente, le désir de la vengeance de jour en jour plus vif, au fur et à mesure que l'on approchait. C'est alors que la précaution prise par toi de leur ménager des embarcations à partir du port de Chalon, pour réparer leurs forces, faillit déplaire à leur impatience. Ce fleuve aux eaux paresseuses et hésitantes leur semblait n'avoir jamais été aussi nonchalant. Les lenteurs de la Saône enfin surmontées, ils furent à peine plus satisfaits du Rhône lui-même, qui leur paraissait se précipiter sans hâte et courir vers Arles moins vite que d'habitude. [...] Tel était l'enthousiasme qui les emportait tous, qu'à la nouvelle que ton adversaire avait abandonné Arles pour se retirer à Marseille, ils s'élancèrent aussitôt hors des navires et leur course impétueuse devança non plus le cours du Rhône, mais je dirais même le souffle des vents !

Marseille s'avance, à ce que j'entends dire, en eau profonde et elle est pourvue d'un port très fortifié où, par un étroit passage, pénètre la mer méridionale ; elle tient à la terre par un isthme de 1 500 pas seulement, barrée par un mur solide, renforcé de tours nombreuses.

[...] Mais dès ton arrivée, dès le premier assaut de ton armée, ni la hauteur des murs de cette même Marseille, ni ses tours si rapprochées, ni les difficultés de ta position ne t'empêchèrent de t'emparer du port et, si tu l'avais voulu, la ville tombait sur le champ. [...]

Mais, extraordinaire piété que la tienne, Constantin, qui, même au milieu des armes, restes fidèle à ton devoir ! Tu fis sonner la retraite et tu remis la victoire à plus tard, afin qu'il te fût possible de pardonner à tous et de peur que le soldat dans sa fureur ne commît quelque excès intolérable à ta bonté naturelle. Ainsi, guidé par ta sollicitude d'excellent empereur, tu pris soin de donner aux soldats qui s'étaient laissé induire en erreur le temps de se repentir et de solliciter d'eux-mêmes leur pardon. Nous, cependant, qui pénétrons tes sentiments les plus humains (rien n'est, en effet, aussi transparent que la bonté de ton cœur), nous comprenons que tu pardonnais à l'homme que personne n'eût pu soustraire à la mort, si l'armée avait fait tout de suite irruption dans la ville et pu ainsi l'atteindre. Ainsi, autant qu'il dépend de ta piété, empereur, tu l'as sauvé, lui et tous ceux qu'il s'était associés. Qu'ils s'en prennent à eux-mêmes, ceux qui n'ont pas voulu profiter de ton bienfait et qui n'ont pas cru mériter la vie, quand tu leur accordais la permission de vivre. Pour toi, et cela suffit à ta conscience, tu as épargné même ceux qui n'en étaient pas dignes. Mais, excuse le mot, tu n'es pas tout-puissant : les dieux te vengent, même malgré toi !

Panégyrique anonyme de Constantin (310), XIV, 9 ; XV, 1-2 ; XVI, 1-2 ; XVIII, 1-6 ; XIX, 1, 4-6 ; XX.

Maximien redouble de perfidie en tentant même de faire assassiner Constantin.

Maximien revient en Gaule, débordant de projets criminels, voulant par la ruse circonvenir Constantin, l'empereur, son gendre, le fils de son gendre ! Pour pouvoir le tromper, il dépose l'habit impérial. Le peuple des Francs avait alors pris les armes. Constantin ne soupçonne rien : Maximien le persuade de ne pas emmener avec lui toute son armée, sous prétexte qu'une poignée de soldats suffirait à écraser les barbares. Ainsi lui-même aurait une armée dont il se rendrait maître et Constantin pourrait être battu en raison du petit nombre de ses soldats. Le jeune homme fait confiance à un vieillard qui a de l'expérience et obéit à un beau-père ; il entre en campagne en laissant sur place la plus grande partie de ses effectifs. Maximien attend quelques jours, mais, quand il suppose que Constantin s'est déjà enfoncé dans le territoire des barbares, il prend tout à coup la pourpre, se saisit du trésor, se livre à ses largesses habituelles et invente contre Constantin des calomnies qui retombent aussitôt sur lui-même. L'empereur est immédiatement informé de ce qui s'est passé. Avec une rapidité admirable, il accourt avec son armée. Son adversaire est pris au dépourvu, sans avoir pu compléter les préparatifs, et les soldats reviennent à leur chef.

Maximien s'était emparé de Marseille et avait fait garder les portes. L'empereur s'approche. Avec douceur et sans hostilité, il s'adresse à Maximien debout sur la muraille : il lui demande quel a été son dessein à son égard, quel sujet de mécontentement il a pu concevoir, et pourquoi il a adopté une conduite qui lui convient moins qu'à quiconque. Mais l'autre, du haut des remparts, ne fait que l'accabler d'injures. Tout à coup, derrière lui, on ouvre les portes ; on accueille les soldats. Cet empereur rebelle, ce père impie, ce beau-père parjure est conduit à l'empereur. Constantin entend le récit de ses crimes, on lui arrache la pourpre, et, après un blâme, on lui fait cadeau de la vie.

Après avoir perdu la dignité qui s'attache à un empereur et à un beau-père, Maximien, ne pouvant plus supporter cet abaissement et fort de son impunité, machine un nouveau complot. Il fait appeler sa fille Fausta et, tantôt par des prières, tantôt par des cajoleries, la presse de trahir son époux. Lui promettant de lui en donner un autre plus digne d'elle, il lui demande de permettre que la chambre de Constantin soit laissée ouverte et la surveillance relâchée. Elle promet de faire ce qui lui est demandé et en informe immédiatement son mari. On organise une mise en scène pour faire éclater le flagrant délit : un vil eunuque destiné à mourir à sa place est mis à la place de l'empereur.

Maximien se lève au milieu de la nuit, il voit que tout est favorable à son criminel dessein. Les gardes étaient peu nombreux, et encore se trouvaient-ils à distance ; il leur déclare néanmoins qu'il a eu un songe dont il veut instruire son fils. Il entre avec ses armes, tue l'eunuque, se rue au-dehors, tout glorieux, et se vante du crime qu'il vient de commettre.

Tout à coup, Constantin se montre de l'autre côté, entouré d'une troupe armée. On tire de la chambre le corps de la victime. Pris sur le fait, l'assassin reste cloué au sol, stupide, muet « comme s'il était de pierre dans les marbres de Marpessos ». On se répand en invectives contre son crime impie. Enfin, on lui laisse la liberté de choisir sa mort, et « il accroche à une haute poutre un nœud, instrument d'une torture affreuse »[3].

Lactance, *La Mort des persécuteurs,* XXIX, 2 - XXX, 5.

3. Virgile, *Énéide*, VI, 471 et XII, 603.

CONSTANTIN, AUGUSTE EN GAULE

310-312

Après la mort de Maximien, Constantin manifeste une attitude indépendante envers le premier Auguste, Galère, et, contre les principes de la tétrarchie, en appelle à celui de l'hérédité. Il se déclare Auguste et affirme sa légitimité dynastique. Son panégyriste proclame celle-ci :

Je commencerai donc par le dieu qui est à l'origine de ta famille, ignorée peut-être encore de la foule, mais parfaitement connue de ceux qui t'aiment. Les liens du sang te rattachent au divin Claude[1], ton aïeul, qui, le premier, redressa dans l'Empire romain la discipline, relâchée et ruinée et qui, sur terre comme sur mer, anéantit les troupes innombrables des Goths vomis par le détroit du Pont et les bouches du Danube. Plût au ciel qu'il ait travaillé plus longtemps à la restauration du genre humain et qu'il ne fût pas devenu si tôt le compagnon des dieux ! Ainsi, bien que cet heureux jour que nous avons tout récemment célébré avec piété soit considéré comme le premier de ton avènement, parce qu'il t'a le premier paré du vêtement que tu portes, c'est cependant cet illustre fondateur de ta race qui t'a transmis ton impérial destin. Bien plus, ton père lui-même a dû à cette ancienne prééminence de la maison

1. Claude le Gothique (214-270). Les liens de famille qui rattachaient Constantin à Claude étaient pourtant assez incertains.

impériale de s'élever aux honneurs, et c'est ainsi que toi, tu as été porté au rang suprême et au-dessus des destinées humaines, troisième empereur d'une famille qui a déjà fourni deux princes. Entre tous ceux, je le répète, qui partagent ta grandeur, tu as le privilège, Constantin, d'être né empereur, et telle est la noblesse de tes origines que ta promotion à l'Empire n'a rien ajouté à ta dignité et que la fortune ne peut pas se prévaloir auprès de ta divinité de ce qui t'appartient en propre, sans brigue et sans recommandation.

Ce n'est pas l'accord accidentel des hommes ni le souffle subit de la faveur qui de toi ont fait un prince : c'est par ta naissance que tu as mérité l'Empire. Le premier, le plus beau présent des dieux immortels, c'est, à mes yeux, de trouver la fortune dès que l'on vient au jour et de recueillir comme un bien de famille ce que d'autres n'acquièrent qu'avec peine par le labeur de toute une vie. Sans doute c'est une grande et admirable fortune que de s'élever après avoir régulièrement accompli les années de service et parcouru les degrés de la hiérarchie militaire, jusqu'à ce faîte de la grandeur et que de pouvoir, appuyé sur les seules racines de ses vertus, s'affermir pour atteindre une aussi robuste puissance. Toi-même d'ailleurs, autant que l'âge te l'a permis, tu t'es donné ce mérite, et bien que la fortune t'eût épargné toutes les lenteurs habituelles à la conquête de la gloire, tu as voulu grandir en servant aux armées et en affrontant les périls de la guerre ; en luttant contre l'ennemi, même en combat singulier, tu as, parmi les peuples, acquis plus de notoriété, sans pouvoir ajouter à ta noblesse. [...]

Tu n'es point entré dans ce palais sacré comme un candidat à l'Empire, mais comme un empereur désigné, et aussitôt les lares[2] paternels ont vu en toi le successeur légitime. Il était hors de doute que l'héritage revînt au premier fils que les destins avaient accordé à l'empereur. C'est toi en effet que ce grand prince, empereur sur la terre et dieu au ciel, engendra dans la fleur de son âge, quand il était encore dans la plénitude de ses forces et doué de cette activité, de cette vaillance que tant de guerres ont vu se manifester et particulièrement les champs de Vindonissa[3]. Aussi as-tu reçu de lui cette ressemblance de traits que la nature semble avoir marquée et imprimée sur ton visage. C'est le même air que nous vénérons encore en toi, la même gravité sur le front, le même calme dans le regard et dans la voix. En toi aussi la rougeur trahit la réserve, la parole atteste la justice. Accepte, empereur, ce double aveu de nos sentiments : nous déplorons la mort de Constance, mais quand nous te regardons nous ne croyons pas qu'il nous ait quittés. D'ailleurs pourquoi dire qu'il nous a quittés, quand ses actions immortelles demeurent vivantes, quand elles sont sur les lèvres et sous les yeux de tous les hommes ?

Panégyrique anonyme de Constantin (310), II-IV.

De retour d'une expédition contre les Barbares, Constantin visite un temple, sans doute celui de Grand dans les Vosges, où il a une vision d'Apollon.

Pendant le peu de temps que tu t'étais éloigné de la frontière, en quelles menaces épouvantables s'était

2. Divinités représentant les esprits des ancêtres.
3. Allusion à un épisode de la guerre contre les Alamans qui sera évoqué dans la suite du discours (VI).

répandue la perfidie des barbares ! Ils se demandaient : Quand arrivera-t-il ? Quand sera-t-il victorieux ? Quand ramènera-t-il son armée épuisée ? Soudain la nouvelle de ton retour les frappa de stupeur et de découragement, sans que ton affection pour la république eût eu à s'inquiéter plus d'une nuit. Le lendemain du jour où, informé de cette agitation, tu avais fait doubler les étapes, tu appris que tous ces remous étaient calmés et que la tranquillité était revenue, telle que tu l'avais laissée à ton départ. La fortune elle-même réglait toute chose de telle façon que l'heureuse issue de tes affaires t'avertît de porter aux dieux immortels les offrandes que tu leur avais promises et que la nouvelle t'en parvînt à l'endroit où tu venais de t'écarter de la route pour te rendre au plus beau temple du monde, et même auprès du dieu qui y habite, comme tu l'as vu. Car tu as vu, je crois, Constantin, ton protecteur Apollon[4], accompagné de la Victoire, t'offrir des couronnes de laurier, dont chacune t'apporte le présage de trente années. Tel est, en effet, le nombre des générations humaines qui, de toute façon, te sont dues et prolongeront ta vie au-delà de la vieillesse de Nestor[5]. Et que dis-je : je crois ? Tu

4. À partir de cette date, Constantin fait répandre l'idée qu'il possède un lien particulier avec Apollon, ou, mieux, avec un dieu populaire chez ses prédécesseurs, le Soleil invaincu (*Sol invictus*), qui apparaît sur ses monnaies.

5. Nestor fut le plus jeune des fils du roi Pylos et le seul survivant du massacre d'Héraclès. Apollon, pour racheter le meurtre qu'il avait commis, en compagnie d'Artémis et de ses oncles et tantes maternels, les Niobides, lui accorda de vivre plus de trois générations, soit le nombre d'années dont il avait privé les membres de sa famille. Il fut le plus âgé et le plus sage des héros de la guerre de Troie.

as vu le dieu et tu t'es reconnu sous les traits de celui à qui les chants divins des poètes ont prédit qu'était destiné l'empire du monde entier. J'estime que ce règne est maintenant arrivé puisque, empereur, tu es comme lui jeune, épanoui, secourable et admirablement beau ! C'est avec raison que tu as honoré ces temples augustes de dotations si riches qu'ils ne regrettent plus les anciennes offrandes et que tous les temples déjà semblent t'appeler de leurs vœux, en particulier celui de notre Apollon, dont les eaux brûlantes punissent les parjures que tu dois plus que quiconque détester.

Panégyrique anonyme de Constantin (310), XXI.

Lors des Quinquennales qui fêtent les cinq ans de son règne en 311-312, un rhéteur anonyme remercie l'empereur pour la paix rétablie en Gaule, et tout particulièrement pour ses bienfaits envers la ville d'Autun.

Je parlerai donc tour à tour de ces deux bienfaits : de tels services ne doivent pas être confondus et rappelés pour ainsi dire en bloc. Tu nous as fait remise de sept mille unités imposables, c'est-à-dire de plus du cinquième de nos impositions, et cependant tu nous as demandé, à plusieurs reprises, si cela était suffisant. [...] La grandeur de ce bienfait, je ne puis, empereur, assez l'exprimer ni dire assez combien il nous était nécessaire, combien il nous était utile même pour remplir les obligations de notre dévouement. Par ce dégrèvement de sept mille unités, tu as donné des forces aux vingt-cinq mille autres, tu leur as donné assistance, tu leur as donné la vie et tu as plus gagné ainsi à les fortifier que tu n'as perdu par la remise consentie. [...]

Tu nous as fait remise de l'arriéré de cinq ans ! Ô lustre plus heureux que tous les lustres ! ô lustre qui a justement égalé la durée présente de ton gouvernement ! C'est donc pour nous surtout que les dieux immortels t'ont élevé à l'Empire, car chacun de nous fait dater son bonheur du moment où tu commenças à régner. En ton honneur nous devons fêter les Quinquennales, bien que cinq ans soient achevés. [...] Quelles actions de grâces convient-il donc que nous, nous t'adressions pour ce lustre plein de ta générosité, pour ce lustre où, bien que les moissons se soient relâchées de leur fécondité d'antan, tu as réussi à faire que toutes choses nous paraissent avoir été plus abondantes qu'elles ne furent ? [...]

Combien de citoyens, auguste empereur, que le dénuement avait réduits à se cacher dans les bois ou même à partir pour l'exil, grâce à cette remise de l'arriéré des dettes, reparaissent à la lumière, rentrent dans leur pays, cessent d'accuser leur ancienne pauvreté, cessent de maudire l'infécondité de leurs champs, reprennent courage, s'apprêtent à la besogne, se remettent à la culture sous des auspices meilleurs, reviennent dans leur maison, rapportent leurs offrandes dans les temples !

Discours de remerciement à Constantin (312),
XI, 1, 3 ; XIII, 1-2, 4 ; XIV, 3.

CONSTANTIN ET MAXENCE

312

La guerre contre Maxence aura lieu en 312. Seuls Lactance et Zosime disent que c'est Maxence qui fut l'agresseur, pour venger la mort de son père. Les autres attribuent l'initiative à Constantin, qui prit prétexte des crimes de Maxence pour libérer l'Italie et Rome.

Ensuite, Maxence cherche des prétextes pour guerroyer contre Constantin ; feignant d'être affecté du décès de son père, dont Constantin aurait été responsable, il songeait à se diriger vers la Rhétie, vu que cette province est proche de la Gaule ; il rêvait en effet de se rendre maître de la Dalmatie et de l'Illyrie grâce aux officiers supérieurs qui y étaient installés et aux forces de Licinius. Tout en faisant ces projets, Maxence jugea qu'il fallait d'abord mettre de l'ordre en Afrique.

Zosime, *Histoire nouvelle*, II, XIV, 1-2.

Domitius Alexander avait pris le pouvoir en Afrique. La répression ordonnée par Maxence eut lieu en 311.

La guerre s'étant terminée ainsi, latitude fut donnée aux dénonciateurs d'accuser comme partisans d'Alexander pour ainsi dire tous ceux qui, en Afrique, avaient une position privilégiée grâce à leur noblesse ou à leur richesse. On ne prit absolument aucun ménagement : les uns furent massacrés et perdirent les biens qu'ils se trouvaient posséder ; on entra en triomphe dans Rome grâce aux ravages exercés à Carthage. Après donc avoir agi ainsi, Maxence se conduisit aussi en Italie et à Rome même avec une cruauté et une impudence extrêmes ; voilà où il en était.

Zosime, *Histoire nouvelle*, II, XIV, 3-4.

Constantin et Maxence rassemblent leurs forces.

Quant à Constantin, qui déjà auparavant se méfiait de Maxence, il se préparait alors avec une ardeur accrue à guerroyer contre lui ; il recruta des forces parmi les prisonniers de guerre barbares qu'il avait précisément en son pouvoir, parmi les Germains et les autres peuplades celtiques, ainsi que les hommes rassemblés en Bretagne, au nombre d'environ quatre-vingt-dix mille fantassins et huit mille cavaliers, et déboucha des Alpes en Italie, laissant intactes les villes qui se livraient à lui, mais détruisant celles qui prenaient les armes.

Maxence aussi se tenait prêt avec des forces plus considérables : environ quatre-vingt mille Romains et Italiens combattaient pour lui, ainsi que ceux des Tyrrhéniens qui étaient établis sur l'ensemble de la côte ; les Carthaginois eux aussi fournissaient une armée, forte de quarante mille hommes, et en outre les Siciliens, si bien que l'armée tout entière comptait cent soixante-dix mille fantassins et dix-huit mille cavaliers. Telles étaient les troupes préparées par les deux adversaires.

Zosime, *Histoire nouvelle*, II, XV, 1-3.

L'expédition contre Maxence est risquée, mais Constantin décide de l'entreprendre malgré des avis contraires.

Est-il possible, empereur, que ton âme ait eu assez d'assurance pour t'engager le premier dans une guerre qui mettait en jeu tant de forces, une telle unanimité dans la convoitise, une telle contagion de crimes, un tel renoncement à tout espoir de pardon, alors que tes associés à l'Empire demeuraient tranquilles et hésitants ? Quel dieu, quelle puissance si favorable, au moment où presque tous tes compagnons et tes capitaines non seulement murmuraient tout bas, mais encore affichaient leurs craintes, t'a donc poussé à croire, contre les conseils des hommes et contre l'avis des haruspices, que l'heure était venue de rendre par tes propres moyens la liberté à Rome ? Tu as sûrement, Constantin, quelque intelligence secrète avec l'esprit divin qui délègue à de moindres divinités le soin de nos personnes et qui daigne se révéler à toi seul. D'ailleurs, vaillant empereur, même dans ces conditions et après ta victoire, tu nous dois des comptes. Tu laissais le Rhin sous la protection des troupes établies le long de la frontière, mais nous avons d'autant plus craint pour toi que tu veillais à notre salut plus qu'au tien et que tu avais assuré la paix pour nous plus que l'heureuse issue pour toi de la guerre que tu entreprenais.

Panégyrique anonyme de Constantin (313), II, 3-6.

Il est aidé d'armées divines.

Enfin, toutes les bouches redisent dans les Gaules que des armées apparurent, qui se flattaient d'avoir été envoyées par les dieux. Bien que les êtres célestes ne tombent point d'ordinaire sous les yeux des hommes, parce que la substance simple et immatérielle d'une nature subtile échappe à notre vue grossière et aveugle, là pourtant tes auxiliaires consentirent à se laisser voir et entendre, et ils ne se dérobèrent au contact des regards mortels qu'après avoir porté témoignage de tes mérites. Mais quelle était, dit-on, leur beauté ! Quelle était la vigueur de leur corps ! la taille de leurs membres ! la promptitude de leurs résolutions ! Il flambait je ne sais quel feu redoutable sur leurs boucliers étincelants et leurs armes célestes brillaient d'une lumière terrifiante. Tels ils étaient venus pour attester qu'ils étaient à toi. [...] Ces êtres descendus du ciel, ces envoyés des dieux étaient fiers de combattre pour toi. À leur tête marchait, je crois, ton père Constance qui, abandonnant à un fils plus grand que lui les triomphes terrestres, élevé désormais au rang des dieux, conduisait des expéditions divines.

Nazarius, *Panégyrique de Constantin*, XIV, 1-3, 5-6.

Constantin entre en Italie en prenant les villes qui se présentent sur sa route.

C'est avec le quart à peine de ton armée que tu as affronté les Alpes pour combattre cent mille hommes en armes, afin qu'il fût clair à quiconque allait au fond des choses (mais cela nous échappait quand notre amour tremblait pour toi) que la victoire où tu courais n'était point douteuse, mais qu'elle t'était promise par les dieux. [...]

Panégyrique anonyme de Constantin (313), III, 3.

Pour libérer l'Italie, tu t'avances avec un tel appareil et une telle sécurité que, malgré l'incertitude de l'issue des entreprises militaires, tu tenais en toi-même pour un gage de victoire la volonté de combattre alors même que les secours divins t'eussent manqué. Tu avais, en effet, une armée vigoureuse et puissante, pleine de force et de courage ; heureuse de porter les armes, elle s'acquittait de ses obligations militaires avec une sorte de passion plus que par contrainte, comme une armée qui compte moins d'années de service que de batailles, et quand je parle de batailles, j'entends des victoires, et elle était en outre aussi attachée à toi qu'elle t'était chère à toi-même.

Nazarius, *Panégyrique de Constantin*, XIX, 3-4.

On attaque Suse par le feu.

On ne commença point l'investissement avec palissade et fossé, on ne poussa pas de galeries de mine, on n'approcha pas de machines, on ne recourut pas au choc du bélier pour attaquer les remparts et ouvrir une brèche, mais des torches furent immédiatement lancées contre les portes, des échelles dressées contre les murailles. Menée tant avec la fronde, de loin, et les armes de jet qu'avec la lance et l'épée, l'action fut terminée aussitôt qu'engagée et la tentative des rebelles connut immédiatement sa fin [...]. Et toi, tu as pu imposer la clémence à tes soldats victorieux.

Panégyrique anonyme de Constantin (313), V, 6.

C'est la ville de Suse, qui s'offrait la première sur ta route, que conquit, la première, une victoire facile. Son acharnement à la résistance attira sur elle le bras de notre empereur, sans toutefois lui aliéner sa clémence. Car tandis qu'il cherchait de vive force à entrer dans la ville, l'incendie des portes propagea au loin une flamme dont la contiguïté des maisons facilitait l'extension et trouvait dans cet aliment fatal une vigueur nouvelle ; notre miséricordieux empereur n'eut qu'un souci, celui non seulement de le voir décroître, en interdisant qu'on le stimulât, mais de le voir encore maîtriser et éteindre.

Nazarius, *Panégyrique de Constantin*, XXI, 1-2.

Le combat est féroce devant Turin contre un ennemi fortement caparaçonné.

Peu de temps après, tu livras dans les plaines de Turin un autre combat, non point à des rebelles démoralisés par ta victoire, mais à des cœurs irrités, enflammés de vengeance, que le fléchissement de la fortune a dû calmer. Ce n'était point un adversaire errant à l'aventure, de-ci de-là, facile à tailler en pièces à cause de sa disposition même. Mais l'armée était disposée en forme de coin, les flancs, ramenés en arrière et en profondeur, étaient destinés, si tu poussais à fond l'attaque contre la première ligne, à faire un mouvement tournant et à envelopper tes soldats engagés dans la bataille. Mais toi, en prévision de cette manœuvre, tu expédias sur ta droite et sur ta gauche des troupes pour les prévenir et pour déloger en même temps les ennemis qui avaient pu se mettre en embuscade, tandis que toi-même, culbutant la pointe adverse malgré sa résistance et mettant toute la ligne en fuite, tu fis, au cours de ton avance, un carnage d'autant plus grand que cette ligne avait été constituée et affermie par des réserves plus importantes. Ainsi, mis en déroute et déconfits jusque sous les murs de Turin, ils trouvèrent les portes de la ville fermées par les habitants et l'amoncellement de leurs cadavres contribua encore à les obstruer.

Panégyrique anonyme de Constantin (313), VI, 2-5.

Voici bientôt que près de la ville des Tauriniens un combat plus redoutable l'attend au cours de sa marche ; la ruine de Suse ne les avertit pas de prendre garde à eux : ils ne songent point à quel prince ils vont avoir affaire et que, de résister, sa puissance ne leur en laisse aucun espoir, sa miséricorde aucune raison. Ils avaient couvert d'une si nombreuse armée l'immensité de la plaine que leur confiance ne paraissait pas déplacée à qui les voyait rangés en bataille. Quel spectacle, dit-on, s'offrit alors ! Quelle chose affreuse à voir, quelle chose effrayante que ces chevaux et ces hommes également bardés de fer ! C'étaient les clibanaires, comme on dit à l'armée. À la partie supérieure, les cavaliers couverts d'une cuirasse ; du poitrail des chevaux une cotte de mailles qui leur pendait jusqu'aux pattes les défendait contre le danger des blessures sans les entraver dans leur marche [...]. Mais toi, très prudent empereur, qui connaissais tous les procédés de combat, tu trouvas des ressources dans ton ingéniosité : comme le parti le plus sûr était d'éviter ceux dont le choc était le plus difficile à soutenir, tu ouvres ton front de bataille, tu laisses les ennemis se lancer dans une attaque qu'ils ne pourront ramener en arrière, puis, de tes bataillons refermés sur eux, tu cernes ceux que tu avais admis dans tes lignes pour t'en faire un jouet. Rien ne leur servait de pousser droit devant eux, puisque tes soldats, à dessein, leur cédaient le terrain. La rigidité de leurs armures de fer ne leur permettait pas de se détourner afin de poursuivre l'adversaire. Ainsi les nôtres attendent avec des massues ceux qui leur sont livrés ; pourvues de nœuds redoutables et ferrés, elles épuisaient sous leur coup un ennemi invulnérable et surtout, lorsqu'elles heurtaient les crânes, elles faisaient tomber ceux que le choc avait étourdis. Alors ils s'abattaient la tête en avant, ils glissaient en arrière, ils chancelaient à demi morts ou ils étaient retenus, mourants, à leur selle, ils gisaient unis dans la mort, pêle-mêle, avec leurs chevaux qui, blessés à un défaut de la cuirasse, jetaient à terre çà et là leurs cavaliers dans l'affolement de la douleur. Quand tous eurent été tués jusqu'au dernier, on passa de l'effroi inspiré par cette cavalerie à l'étonnement d'une victoire où ceux qui étaient réputés invulnérables avaient péri sans qu'il t'en coûtât un blessé.

Nazarius, *Panégyrique de Constantin*,
XXII, 2-4 ; XXIV, 1-5.

Constantin entre dans Milan qui s'offre sans résistance.

Quel beau jour que celui où tu entras à Milan ! Quels témoignages de reconnaissance chez les premiers personnages de la cité ! Quels applaudissements populaires ! Quelle sécurité chez les mères et les jeunes filles qui te contemplaient et jouissaient du double avantage de voir dans l'empereur la beauté et la prestance sans avoir aucun excès à redouter.

Panégyrique anonyme de Constantin (313), VII, 5.

Puis c'est au tour de Brescia de tomber.

À quoi bon rappeler, après un combat si glorieux et si important, qu'à Brescia une cavalerie nombreuse, certes, et ardente, jugea plus sûr de fuir que de résister et, repoussée dès ta première attaque, se retira jusqu'à Vérone sur des positions plus fortes ?

Nazarius, *Panégyrique de Constantin*, XXV, 1.

Devant Vérone, fortifiée pour protéger l'Italie d'une attaque de Licinius, Constantin risque sa vie.

Ô pitoyable désastre de Vérone qui dut sa perte moins à ton propre siège qu'à l'occupation intérieure de ces brigands ! L'Adige en effet, avec les rochers qui hérissent ses eaux, avec ses gouffres et ses tourbillons, avec son impétuosité sauvage, interdisait une attaque de vive force et offrait, contre l'invasion, à tout le pays qui s'étendait derrière lui sécurité et protection. Ta prévoyance ne laissa pourtant pas l'ennemi bénéficier longtemps de cette protection. Dans la partie supérieure de son cours, là où ses eaux sont plus calmes et là où l'adversaire était sans défiance, tu fis, dans une tentative doublement périlleuse, passer le fleuve à une partie de ton armée, et l'ennemi ainsi cerné et bloqué, tu le forças, sans lui laisser de répit, à risquer le sort des armes : tu fis un tel massacre de ceux qui tentèrent une sortie que le chef lui-même[1] avec une partie de ses troupes sortit des murs pour aller chercher du renfort. Le malheureux ne devait amener une armée plus considérable que pour entraîner avec lui dans le désastre

1. Ruricius Pompeianus, le préfet du prétoire de Maxence.

un plus grand nombre de compagnons. C'est en cette circonstance surtout, empereur, que se manifestèrent à la fois ta prévoyance et ta force d'âme, puisque, au moment où il revenait, tu aimas mieux l'affronter avec des forces moindres qu'interrompre le siège, pour ne pas permettre aux assiégés de reprendre haleine, de s'enfuir ou de menacer tes arrières. Et tout d'abord, à ce que j'entends dire, tu avais disposé ton armée sur deux lignes, puis, apercevant le nombre de tes adversaires, tu fis aussitôt déployer tes rangs face à eux et donner à ton front de bataille une plus grande extension : tu mesurais exactement à ton propre courage celui de tous tes soldats et tu estimais qu'ainsi le choc d'une troupe inférieure en nombre pourrait enfoncer une masse pourtant plus considérable. Crois-tu, empereur, que j'approuve tout ce que tu fis en ce combat ? Une fois encore entends ma plainte ! Tu avais tout prévu, tout réglé, tu t'étais acquitté pleinement des devoirs d'un commandant en chef. Pourquoi as-tu combattu de ta personne ? Pourquoi t'es-tu jeté au plus épais des bataillons ennemis ? Pourquoi as-tu mis en si grand péril le salut de la république ? Crois-tu que nous ignorons qu'emporté par une ardeur excessive, tu t'es trouvé soudain au milieu des traits ennemis et que, si tu ne t'étais pas ouvert un chemin avec l'épée, tu trompais l'espérance et les vœux de tout le genre humain ?

Panégyrique anonyme de Constantin (313), VIII, 2 - IX, 4.

À Aquilée, il est magnanime.

Quand, après avoir donné aux assiégés le temps du repentir, tu eus reçu Aquilée aussi des mains de ses envoyés suppliants et que tu vis se rendre à ta merci tous ceux que tu avais sauvés en assiégeant leur ville, tu pardonnas à tous et tu leur rendis la vie dont ils avaient désespéré. Tu leur fis déposer leurs armes pour que la générosité du vainqueur les protégeât beaucoup plus sûrement. Afin pourtant de leur faire comprendre ce que méritait leur obstination, tu les fis saisir et enchaîner, non point pour les livrer au supplice, mais pour les rendre à la vie, pour empêcher que la crainte ne les portât, conscients de leur faute, à s'enfuir, à faillir aussi gravement et à s'ôter les moyens, après avoir manqué une première fois d'être sauvés, de l'être une seconde fois. Mais pour un tel nombre d'hommes, d'où tirer une quantité suffisante de fers pour enchaîner ces mains de soldats, qui hier encore étaient armées ? Les hommes qui avaient reçu mission de les conduire restaient interdits, refusaient la charge de les garder et ne savaient absolument que faire. Ceux même qui participaient à ton conseil, le préfet du prétoire lui-même, demeuraient dans l'embarras, quand toi, frappé d'une inspiration divine, tu fis passer à leurs mains des paires de menottes fabriquées avec leurs épées, afin que ces hommes, après leur capitulation, fussent sauvés par leurs propres épées, ces mêmes épées qui ne les avaient pas défendus quand ils luttaient contre toi.

Panégyrique anonyme de Constantin (313), XI, 1-4.

En vue de Rome, avant d'engager le combat, il fait appel au Dieu des chrétiens.

Sachant bien qu'il aurait besoin d'une aide plus puissante que celle que peut apporter une armée, en raison des malfaisantes pratiques magiques du tyran[2], il chercha un dieu qui l'aiderait. Il considérait que l'apport des soldats et d'une nombreuse armée était secondaire, car il pensait que sans l'aide d'un dieu ceux-ci ne pouvaient rien, et il disait que ce qui vient de l'assistance d'un dieu est irrésistible et invincible. Il se demandait donc quelle sorte de dieu il devait adopter. En réfléchissant à cela, l'idée lui vint que, parmi beaucoup de ceux qui, dans le passé, avaient aspiré au gouvernement, la plupart de ceux qui avaient attaché leurs espérances personnelles à de nombreux dieux, en les honorant par des libations, des sacrifices et des offrandes, avaient d'abord été trompés par les prédictions et les oracles favorables qui leur promettaient des succès, mais avaient eu une fin misérable : aucun dieu ne les avait assistés pour les protéger des désastres voulus par la divinité. Seul son propre père avait pris un chemin opposé à ceux dont il condamnait l'erreur, et en honorant le Dieu qui est au-dessus de tout, il avait trouvé en lui un sauveur, le gardien de son règne et le dispensateur de tout bien. En réfléchissant en lui-même à tout cela, il en concluait que ceux qui s'étaient confiés à la multitude des dieux étaient tombés dans de multiples calamités, au point de ne laisser ni descendance, ni racine, ni nom, ni mémoire chez les hommes, pendant que le Dieu de son père avait donné à celui-ci de multiples preuves de son pouvoir. Il constatait que ceux qui avaient auparavant fait campagne contre le tyran avaient assemblé leurs forces avec une multitude de dieux, mais avaient abouti à une fin lamentable – l'un se retirait honteusement

2. Maxence.

sans combattre, l'autre était mort tué dans son propre camp[3]. En évaluant tout cela, il concluait que c'était folie de se confier sottement à ceux qui ne sont en rien des dieux et de persister dans l'erreur devant une telle évidence, et il pensait qu'il fallait vénérer uniquement le Dieu de son père.

Eusèbe de Césarée, *Vie de Constantin*, I, XXVII.

Alors Dieu lui fait un signe...

Il commença à invoquer ce Dieu dans ses prières, le suppliant et l'implorant de lui dire qui il était et de tendre la main vers lui pour l'assister dans ses projets. Alors qu'il priait ainsi et le suppliait instamment, un signe divin très remarquable apparut à l'empereur. Si quelqu'un d'autre le rapportait, il ne serait pas facile de l'accepter, mais parce que l'empereur vainqueur lui-même nous l'a raconté, à nous qui rédigeons cet écrit, de longues années après, alors que nous avions le privilège de sa société et de sa compagnie, et que les paroles de celui qui le rapportait ont été confirmées par des serments, qui pourrait hésiter à se fier à ce récit, surtout lorsque le temps a apporté la preuve que ces paroles étaient véridiques ? Vers le milieu du jour, alors que le soleil commençait à décliner, il dit qu'il vit de ses yeux, dans le ciel lui-même, au-dessus du soleil, un trophée en forme de croix fait de lumière, et un texte qui lui était attaché et qui disait : « Par celui-ci, sois vainqueur. » À ce spectacle, la crainte le saisit, lui et tout le corps d'armée qui faisait route

3. Il s'agit de Galère, qui dut abandonner le siège de Rome, et de Sévère, qui fut mis à mort.

avec lui, alors qu'il se rendait en quelque lieu, et qui fut témoin du miracle. Il disait qu'il se demandait en lui-même ce qu'était cette apparition. Alors qu'il y réfléchissait et s'interrogeait longuement, la nuit survint. Pendant son sommeil, le Christ de Dieu lui apparut avec le signe qu'il avait vu dans le ciel et lui ordonna de faire une copie du signe apparu dans le ciel et de se servir de celui-ci comme d'une protection contre les attaques des ennemis. Levé avec le jour, il raconta à ses amis ce secret ; ensuite, il convoqua des orfèvres et des joailliers, et assis parmi eux il décrit l'image du signe et leur ordonna de le reproduire avec de l'or et des pierres précieuses. Celui-ci, l'empereur me fit la faveur de le contempler un jour de mes yeux, Dieu nous ayant accordé cela aussi.

Eusèbe de Césarée, *Vie de Constantin*, I, XXVII-XXX.

... qui lui offre la victoire. Il en fait un emblème.

Il était fabriqué de la façon suivante. Une longue haste faite d'or comportait une barre transversale, pour former une croix. En haut, vers le sommet de l'ensemble, une couronne de pierres précieuses et d'or était fixée, sur laquelle figurait le symbole du signe salutaire, deux lettres indiquant le nom du Christ (signifié par les deux premiers caractères), le *rhô* (P) étant partagé en son milieu par le *chi* (X). L'empereur, par la suite, avait l'habitude de les porter sur son casque. À la barre oblique qui traversait la lance était suspendue une étoffe, une tapisserie impériale couverte de pierres précieuses fixées ensemble, qui scintillait avec des éclats de lumière, couverte et tissée de beaucoup d'or, offrant à ceux qui la voyaient une impression de beauté indescriptible. Cette bannière, attachée à la barre, présentait une longueur et une largeur semblables. La partie supérieure de la lance, qui s'étendait assez longuement à partir de la barre, portait au-dessous du trophée de la Croix et près du bord de la tapisserie que j'ai décrite l'image d'or en buste de l'empereur ami de Dieu et celle de ses fils. L'empereur se servait donc toujours de ce signe sauveur comme d'une défense contre toute force opposée et ennemie, et il ordonnait que des reproductions de celui-ci précèdent toutes les armées.

Eusèbe de Césarée, *Vie de Constantin*, I, XXXI.

Constantin se rallie au Dieu des chrétiens.

Mais voici ce qui se passa un peu plus tard. Frappé quelque temps de stupeur par cette vision extraordinaire et ayant jugé bon de n'adorer aucun autre Dieu que celui qu'il avait vu, il faisait venir les initiés aux mystères de ces paroles et leur demandait quel était ce Dieu et quelle était l'explication du signe qu'il avait vu. Ceux-ci lui dirent que ce Dieu était le fils unique du seul et unique Dieu, que le signe qui lui était apparu était le symbole de l'immortalité et constituait le trophée de la victoire que ce Dieu avait remportée sur la mort pendant son passage sur cette terre ; ils lui enseignaient aussi les causes de sa venue, en lui exposant les raisons précises de sa descente parmi les hommes. Il s'instruisait à ces paroles et était émerveillé par la théophanie qui s'était offerte à ses yeux ; rapprochant la vision céleste de l'interprétation qu'on lui en proposait, il affermissait sa foi, persuadé d'avoir été instruit par

Dieu lui-même pour atteindre la connaissance de ces choses. Il s'appliquait désormais à lire les Écritures divines ; ayant pris pour confidents les prêtres de Dieu, il estimait qu'il convenait d'honorer de tous ses soins le Dieu qu'il avait vu. Puis, soutenu par les belles espérances qu'il avait mises en lui, il s'élançait pour aller éteindre le feu menaçant de la tyrannie.

Eusèbe de Césarée, *Vie de Constantin*, I, XXVII-XXXII.

Dans une version de la Vie de Constantin, *Constantin se transforme en espion avant la bataille.*

Là-dessus Constantin, voulant connaître précisément et examiner quel était le nombre des ennemis et ce qu'il en était de leurs préparatifs..., s'étant échappé aussi secrètement qu'il le pouvait de son camp à l'approche de la nuit, prépare un chariot et y place une énorme outre de bœuf remplie de vin ; s'étant revêtu de la tenue habituelle des gens du lieu, comme s'il était un paysan, il s'avance avec le jour vers les ennemis, arrivant du côté opposé, comme s'il venait chez eux apporter du vin. Coiffé d'un bonnet, il le vendait et observait secrètement, autant qu'il le pouvait, tous les préparatifs des ennemis. Lorsque la nuit vint, il rentra dans son camp sain et sauf, mais plein de frayeur et de crainte, épouvanté par le nombre des ennemis et leurs préparatifs.

Vie de Constantin du *Codex Sabaiticus*,
d'après Philostorge.

Devant la multitude de l'ennemi…

Il recourut à nouveau à la prière, avec des gémissements continuels et en s'enflammant jusqu'au fond du cœur : « Si quelque force pour le salut existe auprès de toi, ô Christ, et si tu es vraiment Dieu, puissé-je ne pas tomber au pouvoir de Maxence, le pire de mes ennemis ; ne me fais pas me repentir de t'avoir pris comme rempart devant le présent danger. » Alors qu'il disait cela dans sa prière, un grand, un extraordinaire prodige survenait, signifiant que la victoire serait incontestable et que le Christ serait son arbitre, qui l'exauce et lui est favorable. L'image de la croix apparut alors à l'Orient, s'étendant sur une longue distance, et un cercle d'étoiles l'entourait à la manière d'une auréole, non sans ordre ni rassemblées au hasard, mais disposées de manière à former les caractères de lettres. Les lettres disaient en langue latine : « Par cela, sois vainqueur. » Tout l'air à l'entour était brillant et éclatant.

Vie de Constantin du *Codex Sabaiticus*,
d'après Philostorge.

Nous avons plusieurs versions de la fameuse bataille du pont Milvius contre Maxence, survenue le 27 octobre 312.

Une fois récupérée toute l'Italie Cispadane, Rome elle-même tendait vers toi des mains suppliantes, Rome où ce monstre s'était fixé, sans oser rien tenter à l'annonce de ses défaites. La lâcheté de ce misérable l'y tenait assiégé et la peur, suivant le mot du poète, révélait la bassesse de son âme. Ce stupide et malfaisant animal n'osait se risquer nulle part hors de ses quatre murs, averti par des prodiges ou par les pressentiments nés de sa crainte. [...]

Mais comment a-t-il rangé son armée en bataille, cet esclave depuis tant d'années revêtu de la pourpre ? De façon que personne ne puisse absolument s'échapper, que pas un soldat, obligé de reculer, comme il arrive, ne puisse faire un pas en arrière et reprendre le combat, puisque de front il était en contact avec ton armée et que son arrière touchait au cours du Tibre. En prenant ces dispositions, il n'envisageait assurément pas l'obligation de résister, mais la proximité d'un refuge. Peut-être sentant que son jour fatal était arrivé, pour se consoler de sa propre mort, a-t-il voulu entraîner avec lui le plus de monde possible, afin que tous ceux qui avaient participé à ses crimes fussent aussi ses compagnons dans la mort. Quel autre espoir faut-il croire qu'il ait eu ? Il avait, deux jours auparavant, déjà quitté son palais ; avec sa femme et son fils, il s'était déjà retiré dans une maison particulière, bouleversé, c'est un fait, par des songes terrifiants et poursuivi par des furies nocturnes, afin que toi, dont la présence était depuis longtemps attendue, tu puisses lui succéder dans cette demeure sacrée, après de longues purifications et des sacrifices expiatoires. Tant il s'était avoué la vérité, tant il avait cédé la place pour ton arrivée ! Il avait beau marcher en armes au combat, en sortant du palais il avait déjà abdiqué l'Empire.

Aussi au premier aspect de ta majesté, au premier choc de ton armée tant de fois victorieuse, l'ennemi épouvanté et en déroute se vit couper toute retraite par l'étroitesse du pont Milvius : à l'exception des principaux meneurs de cette guerre de brigands qui, désespérant du pardon, jonchèrent de leurs corps l'emplacement qu'ils avaient choisi pour combattre, tous les autres se précipitèrent dans le fleuve pour abréger le massacre qui lassait les bras de tes soldats. Quand le Tibre eut englouti ces impies et le chef lui-même, avec son cheval et ses armes éclatantes, malgré ses vains efforts pour s'échapper par les escarpements de l'autre rive, le même Tibre l'entraîna dans un tourbillon et l'engloutit. Il ne fallait pas que ce monstre hideux laissât de son trépas peut-être le renom d'être tombé sous l'épée ou les traits d'un soldat valeureux.

Panégyrique anonyme de Constantin (313),
XIV, 2-3 ; XVI, 3 - XVII, 2.

L'ennemi s'avance à leur rencontre sans son chef suprême et franchit le pont. Les deux armées chargent sur un front également étendu et, des deux côtés, on combat avec l'acharnement le plus extrême. « On ne vit fuir ni les uns ni les autres. »[4]

Un soulèvement éclate dans la ville. On qualifie le chef de déserteur, de traître au salut public ; dès qu'il apparaît – il donnait en effet des jeux en l'honneur de son anniversaire – le peuple s'écrie aussitôt d'une seule voix : « Constantin ne peut être vaincu. » Affolé par ces cris, Maxence se rue au-dehors, appelle quelques sénateurs et fait consulter les livres sibyllins[5] : on y trouve que cette journée verra périr l'ennemi des Romains. Cet oracle éveille en lui l'espoir de la victoire ; il se met en route et gagne le champ de bataille.

4. Virgile, *Énéide*, X, 757.

5. Ouvrages censés regrouper les prédictions des prophétesses, les Sibylles.

Le pont est coupé derrière lui. À cette vue, la lutte s'exaspère et la main de Dieu s'étendait au-dessus du combat. L'armée de Maxence est prise de panique ; lui-même prend la fuite et court au pont : il était coupé. Emporté par la masse des fuyards, il est précipité dans le Tibre.

Lactance, *La Mort des persécuteurs*, XLIV, 6-9.

Maxence fit construire un pont sur le Tibre sans l'achever complètement à partir de la rive qui est près de la ville jusqu'à l'autre rive, mais en le divisant en deux parties, de manière que, au milieu du fleuve, les passerelles joignant les deux parties soient reliées l'une à l'autre par des chevilles de fer, qu'on retirait chaque fois qu'on voulait que le pont ne demeurât pas ouvert. Il prescrivit aux ingénieurs, lorsqu'ils verraient que l'armée de Constantin se trouvait sur la jointure du pont, de retirer les chevilles et de couper le pont, de manière que ceux qui s'y trouvaient soient précipités dans le fleuve ; tel est le stratagème que Maxence prépara.Quant à Constantin, après s'être avancé jusqu'à Rome avec son armée, il établit son camp dans la plaine située devant la ville, largement ouverte et propice aux manœuvres de cavalerie : Maxence s'enferma, offrit des victimes aux dieux, interrogea les haruspices sur les chances de la guerre et consulta les livres sibyllins ; or, ayant découvert une prédiction divine indiquant que celui qui commettait quelque acte nuisible aux Romains succomberait nécessairement à une mort lamentable, il interpréta l'oracle en sa faveur, puisque, à l'évidence, il repoussait ceux qui attaquaient Rome et avaient l'intention de s'en emparer. L'événement révéla ce qui était vrai ; lorsqu'en effet Maxence fit sortir son armée devant Rome et traversa le pont qu'il avait lui-même construit, une foule innombrable de chouettes s'abattit sur le mur et le couvrit ; quand Constantin vit cela, il prescrivit aux siens de se ranger en bataille ; les armées une fois disposées l'une en face de l'autre, aile contre aile, Constantin lance en avant la cavalerie ; elle s'avança et vainquit les cavaliers ennemis. Lorsque le signal eut aussi été donné aux fantassins, ils marchèrent eux aussi en bon ordre contre l'ennemi ; une rude bataille s'étant engagée, les habitants de Rome eux-mêmes et les alliés italiens hésitèrent devant le danger, car ils souhaitaient trouver un moyen d'échapper à une cruelle tyrannie ; quant aux autres soldats, il en tomba une foule impossible à évaluer, écrasée par la cavalerie et massacrée par l'infanterie. Or, aussi longtemps que la cavalerie résista, quelque espoir semblait subsister pour Maxence ; mais lorsque les cavaliers cédèrent, il fut mis en fuite avec les survivants et se lança à travers le pont qui enjambait le fleuve jusqu'à la ville ; les poutres n'ayant pas supporté le poids, mais s'étant brisées, Maxence lui-même fut emporté au fil du fleuve avec le reste de la cohue.

Zosime, *Histoire nouvelle*, II, XV, 3 - XVI.

Constantin entre à Rome en libérateur.

Lorsque cette guerre atroce est terminée, Constantin, accueilli comme empereur au milieu de l'immense joie du Sénat et du peuple romain, apprend la perfidie de Maximin[6], prouvée par les lettres qu'il saisit, ses

6. Il s'agit de Maximin Daïa, qui a succédé à Galère comme Auguste en Orient.

statues et ses images. Le Sénat décerne à Constantin, pour ses mérites, le titre de premier Auguste, que Maximin revendiquait pour lui-même. À l'annonce de la victoire et de la libération de Rome, celui-ci ne réagit pas autrement que s'il avait été lui-même vaincu. Mais lorsque, ensuite, il apprit la décision du Sénat, son ressentiment s'exprima si bien qu'il déclara ouvertement son hostilité, se répandant contre l'empereur suprême en insultes et en sarcasmes.

Lactance, *La Mort des persécuteurs*, XLIV, 10.

Il faut dire ici l'entrée de l'empereur dans la cité et, quand il s'agit d'exprimer l'immense allégresse du Sénat et du peuple romain, nul discours ne saurait plaire s'il n'est lui-même exubérant. Depuis la fondation de la ville, l'Empire romain n'a jamais vu luire un jour où la joie ait été et ait dû être si épanouie et si extraordinaire : il n'y a jamais eu de triomphe aussi brillant parmi ceux que les annales antiques ont consacrés dans l'histoire.

Devant le char du vainqueur, on ne conduisait pas, à la vérité, des généraux chargés de chaînes, mais la noblesse s'avançait, enfin délivrée. On n'a point jeté des barbares en prison, mais des geôles on a tiré des consulaires. Ce ne sont point des captifs étrangers qui ont rehaussé l'éclat de cette entrée, mais c'est Rome rendue à la liberté. Elle n'a rien acquis sur l'ennemi, mais elle a cessé d'être une proie, et, ce qui est son plus beau titre de gloire, celle qui subissait la servitude a recouvré l'Empire. Tous, à vrai dire, croyaient voir mener en prison la troupe vaincue des vices qui avaient exercé sur la ville une domination si pesante.

[...] Derrière cette troupe qui lui faisait cortège, suivait la tête hideuse du tyran elle-même : s'il faut en croire les récits des témoins, elle gardait encore sa cruauté et, de ce front redoutable, la mort même n'avait pas banni les menaces. La foule lançait contre lui les mots les plus injurieux. [...]

Nazarius, *Panégyrique de Constantin*, XXX, 4 - XXXI, 5.

La tête de Maxence voyage jusqu'en Afrique.

Il se produisait en Italie de tels concours de peuple, il sortait des villes de telles foules que l'enivrement de l'heure présente témoignait, aisément et d'une manière éclatante, des terreurs passées. Dans quel égal enthousiasme la tête du tyran fut envoyée en Afrique, pour apaiser cette province qu'il avait de son vivant accablée entre toutes et afin qu'elle trouvât satisfaction à le voir mutilé. Et bien que le temps ne se prêtât guère encore à la navigation, les vaisseaux jouirent cependant de vents favorables et d'une mer propice ; les éléments eux-mêmes secondèrent une si heureuse victoire. La tête que l'on promenait partout, jointe à un écriteau si glorieux pour toi, fut rendue par le Tibre, escortée par les vents, épargnée par la mer. Quels transports t'ont secouée, puissante Afrique ! Quel tressaillement d'allégresse ! Quel excès de plaisir ! [...]

Nazarius, *Panégyrique de Constantin*, XXXII, 5-8.

Rome est de nouveau le centre du monde.

Il serait trop long d'examiner en détail à partir de ce moment les bienfaits éclatants de notre souverain qui reviennent périodiquement et sans fin, par un effet continu de sa générosité, en nombre si infini et avec de si grands privilèges que notre reconnaissance n'oubliera jamais la multitude de toutes ces faveurs et le prix de chacune d'elles. Tu as senti enfin, Rome, que tu étais la tête des nations et la reine du monde, quand tu as attaché à ta curie les plus nobles citoyens de toutes les provinces, afin que le Sénat dût son prestige rehaussé moins à son nom qu'à la réalité, dès lors qu'il comprenait l'élite du monde entier [...]. La soumission des peuples a ramené dans le monde les douceurs de la paix [...]. Les places les plus fréquentées de Rome brillent de constructions nouvelles, et non seulement les bâtiments ruinés par le temps se font remarquer par leur beauté renaissante, mais les édifices mêmes qui passaient jusqu'alors pour les plus magnifiques resplendissent aujourd'hui de l'éclat de l'or et dénoncent la parcimonie déplacée de nos aïeux. Au cirque Maxime lui-même, des portiques élevés et des colonnes étincelantes d'or ont fait une parure si rare que l'on aime à s'y assembler autant pour la beauté du lieu que pour le plaisir du spectacle.

Nazarius, *Panégyrique de Constantin*, XXXV.

À la mort de Maxence, le Sénat et le peuple applaudirent avec d'incroyables transports de joie ; il les avait maltraités au point d'avoir un jour laissé les prétoriens massacrer la foule et d'avoir, le premier, par une loi scélérate, en invoquant le prétexte des charges publiques, contraint les sénateurs et les paysans à lui payer des sommes qu'il dissipait ensuite. En haine de ces excès, les cohortes prétoriennes et les corps de troupes plus enclins aux conjurations militaires qu'à la garde de la Ville furent totalement supprimés ; on leur enleva à la fois leurs armes et l'usage de l'uniforme. En outre, tous les monuments que Maxence avait édifiés avec magnificence, le temple de la Ville et la basilique, furent consacrés par le Sénat aux mérites de Constantin. Ce dernier fit aussi orner magnifiquement, par la suite, le grand cirque, et construire des thermes qui ne sont guère inférieurs aux autres. Des statues furent élevées aux endroits les plus fréquentés, plusieurs d'entre elles sont en or ou en argent. En Afrique, on créa un ministère sacerdotal pour la famille Flavia, et la ville de Cirta, détruite pendant le siège que lui fit subir Alexander[7], reconstruite et embellie, reçut le nom de Constantine.

Aurélius Victor, *Le Livre des Césars*, XL, 26-28.

Une statue de Constantin est érigée à Rome.

Tous en masse, avec les petits enfants et les femmes, les membres du Sénat, les perfectissimes, ainsi que tout le peuple des Romains, le recevaient avec des regards joyeux, de tout leur cœur, comme un libérateur, un sauveur, un bienfaiteur, parmi les acclamations et une joie insatiable. Mais lui, qui possédait comme naturellement la piété envers Dieu, sans se laisser le moins du monde ébranler par les cris ni exalter par les louanges, a tout à fait conscience du secours venu de Dieu. Aussitôt, il ordonne de placer le trophée de la passion salutaire dans la main de sa propre statue, et

7. Voir p. 43-44.

tandis que les artisans la dressent, tenant dans sa main droite le signe sauveur, à l'endroit le plus fréquenté par les Romains, il ordonna de graver cette inscription en propres termes, dans la langue des Romains : « Par ce signe salutaire, par cette véritable preuve de courage, j'ai délivré votre ville que j'ai sauvée du joug du tyran, et de plus j'ai rétabli le Sénat et le peuple romain dans leur ancienne illustration et splendeur après les avoir libérés. »

Eusèbe de Césarée, *Histoire ecclésiastique,* IX, IX, 10-11 (= *Vie de Constantin*, I, XL).

Un arc de triomphe est élevé près du Colisée pour fêter son triomphe ; il porte l'inscription monumentale suivante :

À l'empereur César Flavius Constantin, très grand, pieux, heureux, le Sénat et le peuple romain dédient cet arc en signe de son triomphe, parce que, sous l'inspiration de la divinité[8] et par grandeur d'esprit, avec son armée et de justes armes, il a vengé en un seul coup décisif l'État sur le tyran et toute sa faction.

Corpus Inscriptionum Latinarum, VI, 1139.

Après sa victoire sur Maxence, Constantin conduit, la même année, une nouvelle expédition contre les Francs.

Tu n'as pas connu la lassitude des batailles, la satiété des victoires et tu ne t'es pas, selon les vœux de la nature, abandonné à l'inaction et au repos, mais du même élan

8. *Instinctu divinitatis.* L'expression reste neutre, pour pouvoir être lue par les païens comme par les chrétiens.

qui t'avait ramené vers tes chères Gaules, tu as poussé jusqu'aux confins de la Germanie inférieure... Aussitôt terminée ton expédition d'une année, tu entrepris une guerre nouvelle, décidé de porter plus avant l'Empire de Rome du Tibre au Rhin.

La trêve avait été rompue par une nation barbare à l'humeur inconstante et mobile ; elle avait choisi pour leur vigueur et leur audace les chefs de l'invasion et l'on annonçait qu'elle avait pris position sur le Rhin. Tu marchas immédiatement à sa rencontre ; ta présence la terrifia et l'empêcha de risquer le passage. C'était là, semble-t-il, agir à l'encontre de tes vœux, car en empêchant l'invasion tu perdais une occasion de victoire. Mais prenant à l'improviste la résolution de t'éloigner (tu feignis en effet d'avoir reçu la nouvelle d'un soulèvement plus grave sur la frontière de Germanie supérieure), tu offris à ces intelligences stupides et bestiales l'occasion de marcher contre nos positions, mais tu avais laissé en embuscade des chefs pour attaquer les barbares sans méfiance. Quand l'ennemi arriva là, le succès couronna ton dessein. Toi, avec tes navires qui couvraient tout le lit du Rhin, tu descendis le fleuve et tu allas ravager leurs terres, leurs demeures consternées et gémissantes ; tu fis un tel massacre, de telles dévastations chez ce peuple parjure que c'est à peine si, par la suite, il lui restera un nom.

Panégyrique anonyme de Constantin (313),
XXI, 5 ; XXII, 3-6.

Les Francs eux-mêmes, nation farouche entre toutes, dont un grand nombre plein d'une ardeur belliqueuse avaient été entraînés par leur passion furieuse au-delà de l'Océan même et infestaient de leurs expéditions jusqu'aux côtes d'Espagne, les Francs donc s'effondrèrent si bien sous tes coups qu'ils auraient pu être anéantis complètement, si, obéissant à cette inspiration si divine qui te fait régler toute chose, tu n'avais réservé à ton fils[9] l'achèvement d'un ennemi que tu avais toi-même affaibli. Cependant ce peuple, prompt à multiplier ses propres maux pour votre gloire, s'accrut si rapidement et retrouva si vite ses forces qu'il donna au vaillant César[10] les prémices d'une grande victoire, lorsqu'il livra bataille, non point découragé, mais exaspéré par la défaite subie. [...]

À quoi bon rappeler les Bructères, les Chamaves, les Chérusques, les Lancions, les Alamans, les Tubantes ? C'est un bruit de guerre que font entendre ces noms et, jusque dans les mots, la cruauté des barbares inspire l'épouvante. Tous ces peuples, après avoir pris les armes isolément, puis ensemble, étaient enhardis par l'accord que sanctionnait entre eux un traité d'alliance. Toi pourtant, empereur, bien que tu visses tant de forces guerrières, tu n'as eu qu'une peur, celle de leur faire peur. Tu vas vers ces barbares et, dissimulant les vêtements impériaux, tu t'approches d'eux le plus possible avec deux compagnons. Jamais la condition d'un prince n'est plus haute que lorsqu'il s'abaisse au service de tous. Tu lies conversation avec eux, tu stimules leur espérance, tu te joues de leur crédulité, tu déclares que tu n'es pas là. Ô barbares vraiment aveugles ! sur ce visage vous n'avez pas reconnu les

9. Crispus Flavius Julius, fils aîné de Constantin et de Minervina.

10. Crispus avait été nommé César en 317, en même temps que son frère Constantin le Jeune. Voir p. 80, 83, 104.

traits du prince et vous ne vous êtes pas aperçus que celui qui se tenait à moins d'une portée de javelot, c'était Constantin !

Nazarius, *Panégyrique de Constantin*, XVII - XVIII, 1-4.

CONSTANTIN ET LICINIUS

313-324

Licinius avait été nommé Auguste pour l'Occident en novembre 308, à près de soixante ans, mais il resta d'abord confiné en Pannonie. Après la mort de Galère, le 5 mai 311, il conclut avec Maximin Daïa, Auguste d'Orient, un modus vivendi qui lui laissait la péninsule balkanique. Mais après la victoire de Constantin sur Maxence, désireux d'étendre son domaine aux dépens de Maximin Daïa, il se rapproche de Constantin.

Tous deux se rencontrent à Milan en mars 313 et font alliance, scellant celle-ci par le mariage de Licinius avec la sœur de Constantin. Ils y prennent des mesures en faveur de la paix religieuse, troublée depuis 303 par les édits de persécution des chrétiens publiés par Dioclétien. Galère avait déjà tenté de rétablir cette paix par son édit de tolérance du 30 avril 311 : Constantin et Licinius prennent des mesures compensatoires en faveur des persécutés. Ces mesures sont connues par ce qu'on appelle improprement l'« édit » de Milan.

Licinius, le quinze juin de l'année où lui-même et Constantin étaient consuls pour la troisième fois, fit afficher une lettre circulaire adressée au gouverneur de Bithynie, concernant le rétablissement de l'Église. La voici :

« Lorsque moi, Constantin Auguste, ainsi que moi, Licinius Auguste, nous sommes réunis heureusement à Milan et avons discuté de tous les problèmes relatifs à la sécurité et au bien public, nous avons cru devoir régler en tout premier lieu, entre autres dispositions de nature à assurer, selon nous, le bien de la majorité, celles sur lesquelles repose le respect de la divinité, c'est-à-dire, donner aux chrétiens comme à tous la libre faculté de suivre la religion de leur choix, afin que tout ce qu'il y a de divin au céleste séjour puisse être bienveillant et propice, à nous-mêmes et à tous ceux qui se trouvent sous notre autorité. C'est pourquoi nous avons cru, dans un dessein salutaire et très droit, devoir prendre la décision de ne refuser cette possibilité à quiconque, qu'il ait attaché son âme à l'observance des chrétiens ou à la religion qu'il croit lui convenir le mieux, afin que la divinité suprême, à qui nous rendons un hommage spontané, puisse nous témoigner en toutes choses sa faveur et sa bienveillance coutumières. Il convient donc que Ton Excellence sache que nous avons décidé, supprimant complètement les restrictions contenues dans les écrits envoyés antérieurement à tes bureaux concernant le nom des chrétiens, d'abolir les stipulations qui nous paraissaient tout à fait malencontreuses et étrangères à toute mansuétude, et de permettre dorénavant à tous ceux qui ont la détermination d'observer la religion des chrétiens, de le faire librement et complètement, sans être inquiétés ni molestés.

Nous avons cru devoir porter à la connaissance de Ta Sollicitude ces décisions dans toute leur étendue, pour que tu saches bien que nous avons accordé aux dits chrétiens la permission pleine et entière de pratiquer leur religion.

Ton Dévouement, se rendant compte que nous leur accordons ce droit, sait que la même possibilité d'observer leur religion et leur culte est concédée aux autres citoyens, ouvertement et librement, ainsi qu'il convient à notre époque de paix, afin que chacun ait la libre faculté de pratiquer le culte de son choix. Ce qui a dicté notre action, c'est la volonté de ne point paraître avoir apporté la moindre restriction à aucun culte ni à aucune religion.

De plus, en ce qui concerne la communauté des chrétiens, voici ce que nous avons cru devoir décider : les locaux où les chrétiens avaient auparavant l'habitude de se réunir, et au sujet desquels les lettres précédemment adressées à tes bureaux contenaient aussi des instructions particulières, doivent leur être rendus sans paiement et sans aucune exigence d'indemnisation, toute duperie et toute équivoque étant hors de question, par ceux qui sont réputés les avoir achetés antérieurement, soit à notre trésor, soit par n'importe quel autre intermédiaire. De même, ceux qui les ont reçus en donation doivent aussi les rendre au plus tôt aux dits chrétiens. De plus, si les acquéreurs de ces bâtiments ou les bénéficiaires de donation réclament quelque dédommagement de notre bienveillance, qu'ils s'adressent au vicaire, afin que par notre mansuétude, il soit également pourvu à ce qui les concerne.

Tous les locaux devront être rendus par ton intermédiaire, immédiatement et sans retard, à la communauté des chrétiens. Et puisqu'il est constant que les chrétiens possédaient non seulement les locaux où ils se réunissaient habituellement, mais d'autres encore, appartenant en droit à leur communauté, c'est-à-dire à des églises et non à des individus, tu feras rendre aux dits chrétiens, c'est-à-dire à leur communauté et à leurs églises, toutes ces propriétés aux conditions reprises ci-dessus, sans équivoque ni contestation d'aucune sorte, sous la seule réserve, énoncée plus haut, que ceux qui leur auront fait cette restitution gratuitement, comme nous l'avons dit, peuvent attendre de notre bienveillance une indemnité. En tout cela, tu devras prêter à la susdite communauté des chrétiens ton appui le plus efficace, afin que notre ordre soit exécuté le plus tôt possible, et afin aussi qu'en cette matière il soit pourvu par notre mansuétude à la tranquillité publique. Ce n'est qu'ainsi que l'on verra, comme nous l'avons formulé plus haut, la faveur divine, dont nous avons éprouvé les effets dans des circonstances si graves, continuer à assurer le succès de nos entreprises, gage de la prospérité publique.

Afin d'autre part que la mise en forme de notre généreuse ordonnance puisse être portée à la connaissance de tous, il conviendra que tu fasses faire une proclamation pour la promulguer, que tu la fasses afficher partout et que tu la portes à la connaissance de tous, de façon que nul ne puisse ignorer la décision prise par notre bienveillance. »

À cette lettre qui fut affichée, il ajouta encore la recommandation verbale de rétablir les lieux de culte dans leur état primitif.

Lactance, *La Mort des persécuteurs*, XLVIII.

Peu après la rencontre de Milan, Maximin Daïa engage les hostilités contre Licinius, mais il est finalement battu par celui-ci entre Héraclée et Andrinople ; il se réfugie en Asie Mineure et meurt à Tarse en août 313.

La situation se tend rapidement entre Constantin et Licinius. Deux guerres vont alors les opposer. La première a lieu en 317. La seconde commence en 322 et s'achève en septembre 324 par la défaite de Licinius. Les auteurs chrétiens, comme Eusèbe, la justifient par la persécution que Licinius aurait dirigée contre les chrétiens ; les païens, comme Zosime, l'attribuent à l'ambition de Constantin.

C'est donc à cet homme[1] que, du haut du ciel, comme un fruit digne de sa piété, Dieu accorda les trophées de la victoire sur les impies. Quant au criminel, il le jeta tête baissée, avec tous ses conseillers et ses amis, aux pieds de Constantin. Comme, en effet, Licinius avait poussé jusqu'aux extrémités de la folie ses entreprises contre lui, l'empereur ami de Dieu conclut qu'il ne pouvait plus être supporté, et concerta le prudent dessein de mélanger la fermeté de la justice à l'amour des hommes. Il jugea bon de secourir ceux qui avaient été rendus malheureux par le tyran et il se hâta de sauver la plus grande partie du genre humain en le débarrassant de quelques fléaux. Précédemment, en effet, il avait usé de la seule humanité et avait eu pitié de cet homme qui était peu digne de sympathie. Or celui-ci ne montrait aucune amélioration et ne mettait pas fin à sa méchanceté, mais bien plutôt accroissait sa rage contre les peuples qui lui étaient soumis. D'autre part, à ceux qui étaient maltraités, il n'était laissé aucun espoir de salut, car ils étaient tyrannisés par une bête cruelle. C'est pourquoi, mélangeant son amour du bien avec sa haine du mal, le défenseur des bons s'avance avec son fils, le très bienveillant empereur Crispus, tendant à tous ceux qui périssaient une main secourable. Puis, comme ils avaient pour guides et alliés Dieu, le Roi souverain et l'Enfant de Dieu sauveur de tous, tous deux, le père et le fils ensemble,

1. Constantin.

après avoir divisé leur armée contre les ennemis de Dieu, les encerclent et remportent une facile victoire, car tout ce qu'ils avaient concerté leur avait été facilité à souhait par Dieu…

Ayant suivi le même chemin de l'impiété, Licinius fut justement amené au même précipice qu'eux. Mais tandis qu'il gisait, frappé de cette manière, le très grand vainqueur Constantin, resplendissant de toutes les vertus que la piété lui avait octroyées, et Crispus, son fils, empereur très aimé de Dieu, en tout semblable à son père, reprenaient l'Orient qui était leur bien propre, et rétablissaient un seul Empire des Romains, dans son unité, comme il était autrefois.

Eusèbe de Césarée, *Histoire ecclésiastique*, X, IX, 1-6.

En 315, ce sont les prémices de l'affrontement.

Là-dessus, Licinius, originaire de Nouvelle Dacie, de basse origine, fut nommé empereur par Galère, pour qu'il lutte contre Maxence. Mais comme, après l'écrasement de Maxence, Constantin avait reçu l'Italie, celui-ci fit s'allier Licinius à lui par un traité, de sorte que Licinius, à Milan, épousa Constantia, sœur de Constantin. Les noces célébrées, Constantin regagna la Gaule, Licinius revint en Illyrie. Ensuite, après quelque temps, Constantin envoya Constance à Licinius, en lui demandant que Bassianus, qui avait une autre sœur de Constantin, Anastasie, soit fait César, pour qu'à l'exemple de Maximien, Bassianus occupe l'Italie, tenant le milieu entre Constantin et Licinius. Comme Licinius n'accordait pas une telle mesure, Bassianus, inspiré par Senicio, s'arme contre Constantin. Saisi dans cette entreprise, il fut convaincu de crime et abattu sur l'ordre de Constantin. Comme Senicio, l'auteur de ce piège, était demandé par Constantin et que Licinius refusait, la concorde fut rompue ; à cette cause s'ajouta qu'il avait fait abattre les images et les statues de Constantin à Emona.

Anonyme de Valois, V, 13-15.

Et en 317, le conflit éclate. Battu à Cibalis, Licinius doit accepter un nouveau partage de l'Empire.

Ensuite une guerre ouverte eut lieu entre eux. Leurs armées respectives se dirigèrent vers la plaine de Cibalis : Licinius avait 35 000 fantassins et cavaliers, Constantin conduisait 20 000 fantassins et cavaliers. Lorsque, après un combat incertain, vingt mille fantassins de Licinius et une partie de ses cavaliers bardés de fer furent tombés, Licinius, à la faveur de la nuit, gagna rapidement Sirmium avec une grande partie de sa cavalerie. Ayant emmené de là sa femme, son fils et ses trésors, il gagna la Dacie. Il y fit César Valens, général du *limes*. De là il gagna Hadrianopolis, alors que Valens avait rassemblé une immense multitude, et envoya pour parler de paix des légats à Constantin, qui s'était établi à Philippes. Ceux-ci revenus bredouilles, la guerre reprit : tous deux accoururent dans la plaine de l'Arda et après un combat douteux de jour, les partisans de Licinius ayant lâché pied, le secours de la nuit leur fut utile. Licinius et Valens, croyant que Constantin (ce qui était vrai) s'était avancé à leur poursuite trop loin vers Byzance, s'éloignèrent en se détournant vers Béroé. Ainsi Constantin, qui se hâtait avec ardeur vers les points les plus éloignés, se rendit compte que Licinius était resté derrière lui. Comme les soldats étaient fatigués par les combats et le trajet, Mestrianus, envoyé ensuite comme légat, demanda la paix, Licinius étant demandeur et promettant qu'il ferait ce qui lui serait ordonné. De nouveau, il fut décidé que Valens deviendrait, comme auparavant, un simple particulier ; cela fait, la paix fut confirmée par tous deux : Licinius posséderait l'Orient l'Asie, la Thrace, la Mésie, la Scythie mineure. Ensuite, revenu à Sardique, Constantin décida, en l'absence de Licinius, que les fils de Constantin, Crispus et Constantin, ainsi que le fils de Licinius, Licinianus, seraient faits Césars, et qu'ainsi l'un et l'autre règneraient en bonne intelligence. Constantin et Licinius ensemble furent aussi faits consuls. Mais dans la partie orientale, alors que Licinius et Constantin étaient consuls, [Licinius, pris d'une rage soudaine, ordonna de chasser tous les chrétiens du palais.][2]

Anonyme de Valois, V, 15-20.

La version du païen Zosime fait de l'ambition de Constantin la responsable du conflit.

L'Empire se trouvant ainsi aux mains de Constantin et de Licinius, des différends naquirent entre eux après peu de temps sans que Licinius en porte la responsabilité, Constantin, selon son habitude, se montrant de mauvaise foi au sujet des arrangements conclus et voulant s'emparer de quelques-unes des provinces attribuées à l'Empire de Licinius ; leur rivalité étant ainsi donc devenue évidente, l'un et l'autre rassemblèrent leurs forces et se

2. Interpolation tirée d'Orose, *Histoires*, VII, 28, 18.

rencontrèrent pour en découdre. Or Licinius réunit son armée à Cibalis. C'est une ville de Pannonie, située sur une colline sur laquelle est établie la ville ; ensuite vient une plaine largement ouverte, très vaste et qui s'étend à perte de vue ; c'est à cet endroit que Licinius établit son camp, en déployant sa ligne de bataille en longueur au pied de la colline, pour éviter que les ailes ne paraissent plus faibles. Constantin ayant pour sa part disposé son armée près de la montagne, la cavalerie était en première ligne ; cela semblait en effet être plus avantageux, pour éviter que l'ennemi, tombant sur les fantassins plus lents à aller à l'attaque, ne les empêche d'avancer à cause de la difficulté du terrain ; cela fait, après avoir vite eu le dessus dans l'attaque et avoir donné les signaux, il marcha aussitôt à l'ennemi et il y eut une bataille, pour ainsi dire la plus rude qui soit ; en effet, les projectiles une fois épuisés dans les deux armées, on combattit longtemps à la pointe de l'épée et à coups de lance. La bataille avait commencé à l'aube et elle avait duré jusqu'au soir quand l'aile droite, commandée par Constantin, remporta la victoire, l'ennemi ayant été mis en déroute. Lorsque les lignes de bataille de Licinius le virent lui aussi sauter à cheval et être prêt à s'enfuir, elles n'eurent plus le courage de tenir leurs positions ni de prendre quelque nourriture ; abandonnant le bétail, les bêtes de somme et tout le reste de l'équipement, ils ne prennent de blé que ce qui leur permettait de ne pas souffrir de la faim durant la nuit qui venait et arrivent en toute hâte avec Licinius à Sirmium[3]. Il passa aussi rapidement près de cette ville, coupa le pont qui enjambait le fleuve et

3. Sirmium est une ville de Pannonie que baigne d'un côté le fleuve Save, qui se jette dans le Danube.

continua d'avancer, dans l'intention de rassembler des forces dans les parages de la Thrace.

Après s'être emparé de Cibalis, de Sirmium et de tout ce que Licinius avait laissé derrière lui dans sa fuite, Constantin envoie cinq mille fantassins à sa poursuite ; mais ceux-ci, dans l'ignorance où ils étaient du chemin par lequel Licinius s'enfuyait, furent incapables de le rejoindre. Constantin pour sa part rétablit le pont sur la Save qui avait été coupé par Licinius et s'avança avec son armée sur les traces de Licinius ; il passe en Thrace et parvient près de la plaine dans laquelle il trouve Licinius qui y a établi son camp. Au cours de la nuit durant laquelle il arriva, il rangea ses forces en bataille et prescrivit aux soldats d'être prêts au combat à l'aube. Le jour s'étant levé, lorsque Licinius aperçut Constantin et son armée, il mit lui aussi ses troupes en ligne, ayant comme allié dans cette guerre Valens, qu'il avait élevé au rang de César après s'être enfui de Cibalis. Les deux armées passèrent à l'attaque l'une contre l'autre et tout d'abord, restant à distance, usèrent de projectiles ; mais les munitions une fois épuisées, on en vint aux mains avec lances et poignards. Les légions en décousaient toujours avec vigueur quand les troupes qui avaient reçu l'ordre de Constantin de poursuivre Licinius parviennent, d'un endroit hors de vue, auprès des armées en train de combattre. Ils estimèrent qu'après avoir fait un mouvement tournant par une colline, il leur fallait rejoindre les leurs de leur position supérieure et encercler l'ennemi. Mais comme les troupes de Licinius se tenaient sur leurs gardes et combattaient vaillamment contre tous, qu'il y avait un nombre considérable et incalculable de tués de part et d'autre et que la bataille devenait indécise, les deux armées se séparèrent l'une de l'autre à un signal convenu.

Le lendemain, une suspension d'armes étant intervenue, les deux adversaires jugèrent bon de conclure une convention et une alliance stipulant que Constantin exercerait le pouvoir en Illyrie et dans toutes les provinces situées au-delà, que Licinius aurait la Thrace, l'Orient ainsi que les territoires situés au-delà, et que Valens, élevé au rang de César par Licinius et considéré comme responsable des malheurs qui étaient arrivés, serait supprimé.

L'accord conclu et des serments engageant les deux parties à respecter ces conditions une fois prêtés, pour confirmer la bonne foi qu'il mettrait à s'en tenir aux conventions, Constantin élève au rang de César Crispus, un fils que lui avait donné une concubine nommée Minervina, qui était déjà un jeune homme, et Constantin, qui venait de naître quelques jours auparavant dans la ville d'Arles ; en même temps qu'eux est désigné comme César le fils de Licinius, Licinianus, âgé de dix-neuf mois.

Zosime, *Histoire nouvelle*, II, XVIII-XX.

Mais en 322, la paix est rompue.

En outre, alors que Constantin était à Thessalonique, les Goths firent irruption en passant des frontières délaissées, et, en dévastant la Thrace et la Mésie, ils commencèrent à faire du butin. Alors, par crainte de Constantin et leur attaque repoussée, ceux-ci rendirent les captifs, une fois la paix obtenue. Mais Licinius se plaignit de ce que cela avait été fait contre la parole donnée, parce que ses territoires avaient été délivrés par un autre. Ensuite, comme il alternait entre rescrits suppliants et orgueilleux, il excita à juste titre la colère de Constantin. Pendant quelque temps, on ne fit pas encore la guerre civile, mais on la prépara : Licinius sévissait par le crime, l'avarice, la cruauté, la débauche, plusieurs personnes étant tuées à cause de leurs richesses, leurs femmes séduites. Lorsque la paix fut rompue d'un commun accord, Constantin avait envoyé Crispus avec une flotte importante pour occuper l'Asie ; du côté de Licinius, Amandus s'opposait pareillement à lui avec des forces navales. Licinius avait garni les flancs d'une montagne escarpée près d'Hadrianopolis avec une très grande armée. Constantin s'y dirigea avec toute son armée. Lorsque la guerre s'engagea sur terre et sur mer, bien que les siens soient dans une situation difficile, Constantin, grâce à la discipline militaire et à sa chance, vainquit l'armée de Licinius, qui agissait sans ordre ; il fut légèrement blessé à la cuisse. S'enfuyant de là, Licinius gagna Byzance : là, pendant qu'une multitude en déroute cherchait à le rejoindre, Licinius, ayant fermé Byzance, subissait un siège terrestre, tranquille du côté de la mer. Mais Constantin rassembla une flotte à partir de la Thrace. Ensuite Licinius, du fait de sa vanité habituelle, fit pour lui Martinien César. Mais Crispus, avec la flotte de Constantin, parvint à Callipolis : là, dans un combat naval, il battit Amandus, de sorte que c'est avec peine qu'Amandus, vivant, put se réfugier parmi ceux qui étaient restés sur le rivage. La flotte de Licinius fut anéantie ou prise. Licinius, ayant perdu confiance dans la mer, par laquelle il se voyait assiégé, s'enfuit avec ses trésors à Chalcédoine. Constantin, apprenant la victoire navale, prit Byzance, rejoint par Crispus. Ensuite, Licinius combattit à Chrysopolis, surtout avec l'aide des Goths qu'avait emmenés le roi Alica ; alors le parti de Constantin vainqueur abattit 25 000 des soldats du parti adverse, les autres s'étant enfuis. Ensuite, lorsqu'ils virent les légions de Constantin arriver sur les liburnes[4], ils jetèrent leurs armes et se rendirent. Le jour suivant, Constantia, sœur de Constantin, épouse de Licinius, vint au camp de son frère et demanda et obtint la vie sauve pour son mari. Ainsi Licinius fut fait homme privé et invité à un banquet avec Constantin et la vie sauve fut accordée à Martinien. Licinius fut envoyé à Thessalonique ; [mais de peur que, remué par l'exemple de Maximien Hercule, son beau-père, il ne prenne à nouveau, pour la perte de l'État, la pourpre qu'il avait déposée, il ordonna de le mettre à mort][5] à Thessalonique, les soldats l'ayant exigé lors d'une manifestation, et de mettre à mort Martinien en Cappadoce. Licinius régna dix-neuf ans, son fils et sa fille lui survécurent.

Anonyme de Valois, V, 21-29.

Une description plus précise de la seconde guerre est donnée par Zosime.

Lorsque Constantin apprit que les Sarmates habitant près du Palus Méotide avaient traversé le Danube sur des embarcations et pillaient le territoire soumis à sa juridiction, il mena contre eux ses légions ; mais les barbares s'étant à leur tour soulevés contre lui avec leur

4. Bateaux légers et rapides.

5. Interpolation tirée d'Orose, *Histoires* VII, 28, 20.

roi Rausimod, les Sarmates se lancèrent tout d'abord sur une ville qui avait une garnison convenable et dont le rempart, dans sa partie inférieure à partir du niveau du sol vers le haut, était construit en pierres, tandis que la partie supérieure était en bois. Les Sarmates, ayant pensé qu'ils s'empareraient très facilement de la ville s'ils brûlaient la portion du mur qui était en bois, apportèrent du feu et tirèrent à coups de flèches sur ceux qui étaient sur le mur. Alors que ceux qui se trouvaient sur les murailles massacraient les barbares en les accablant de traits et de pierres du haut de leur position dominante, Constantin, étant passé à l'attaque et étant tombé sur les barbares par-derrière également, en tua un grand nombre et en fit davantage encore prisonniers, si bien que le reste s'enfuit. Ayant ainsi perdu la plus grande partie de ses forces, Rausimod embarqua et traversa le Danube, avec l'intention de piller à nouveau le territoire romain. Lorsque Constantin apprend cela, il se met à sa poursuite et traverse le Danube à son tour ; comme les barbares s'enfuyaient vers une colline couverte de bois épais, il les attaqua, en tua un grand nombre, parmi lesquels Rausimod lui-même, fit beaucoup de prisonniers, accepta la soumission de ceux qui restaient et tendaient des mains suppliantes et retourna dans ses quartiers avec une foule de captifs.

Après avoir distribué ces prisonniers aux villes, il s'avança en direction de Thessalonique, y construisit le port qui n'existait pas auparavant et se prépara de nouveau à faire la guerre à Licinius ; on arma quelque deux cents navires à trente rameurs et on rassembla plus de deux mille transports, une armée de fantassins d'environ cent vingt mille hommes, et dix mille pour la flotte et la cavalerie.

Lorsque Licinius apprit que Constantin était en train de s'équiper, il envoya dans toutes les directions des messagers aux provinces en leur prescrivant de mettre à disposition des navires de guerre ainsi que des forces d'infanterie et de cavalerie. En grande hâte, les Égyptiens envoyèrent quatre-vingts trirèmes, les Phéniciens tout autant, les Ioniens et les Doriens d'Asie soixante, les Chypriotes trente, les Bithyniens trente et les Africains cinquante ; l'armée des fantassins était d'environ cent cinquante mille hommes, les cavaliers quinze mille ; c'étaient la Phrygie et la Cappadoce qui fournissaient ces derniers. Les navires de Constantin avaient été mis au mouillage au Pirée, ceux qu'avait Licinius dans l'Hellespont. Telle était la disposition des troupes de marine et des armées de terre des deux partis ; Licinius avait son camp à Andrinople de Thrace ; quant à Constantin, il fit venir ses navires, qui provenaient de Grèce dans leur majorité, du Pirée et, s'étant avancé avec son infanterie de Thessalonique jusqu'au bord du fleuve Hèbre, qui passe à gauche d'Andrinople [Hadrianopolis], il y mit son camp.

Zosime, *Histoire nouvelle*, II, XXII, 1-3.

Le 3 juillet 324, une bataille terrestre a lieu près d'Andrinople.

Licinius ayant lui aussi déployé ses forces en ordre de bataille sur une longueur de deux cents stades à partir de la montagne qui domine la ville jusqu'à l'endroit où le fleuve Tonzos se jette dans l'Hèbre, les légions campèrent les unes en face des autres pendant plusieurs jours de suite ; quant à Constantin, après avoir observé l'endroit où le fleuve a son cours le plus resserré, il prépara le stratagème que voici. Il prescrivit à la troupe de descendre du bois de la montagne et de tresser des cordes, comme s'il avait l'intention de lancer un pont sur le fleuve et de faire ainsi traverser son armée ; ayant de cette manière trompé l'ennemi et étant monté sur une colline couverte de bois assez épais pour pouvoir y cacher ceux qui s'y trouvaient, il y établit cinq mille archers à pied et quatre-vingts cavaliers. Il prend ensuite avec lui douze cavaliers, traverse avec eux l'Hèbre à l'endroit du resserrement où le fleuve était le plus facilement franchissable et tombe sur l'ennemi qui ne s'attend à rien, si bien que quelques-uns furent tués, que beaucoup s'enfuirent en désordre et que le reste, frappé de terreur par cette soudaine péripétie, demeurait bouche bée devant ce franchissement imprévu. Quand le reste des cavaliers eut aussi passé le fleuve en toute sécurité, et à leur suite toute l'armée, il y eut un grand massacre : les tués furent en effet au nombre d'environ trente-quatre mille ; au moment où le soleil allait se coucher, Constantin ramena ses légions en arrière ; quant à Licinius, ayant pris avec lui tout ce qu'il pouvait de ses propres troupes, il partit au travers de la Thrace pour rejoindre sa flotte.

Lorsque le jour se leva, tous les soldats de l'armée de Licinius qui avaient réussi à s'enfuir dans la montagne ou dans des gorges se rendirent à Constantin, ainsi que ceux qui avaient été abandonnés par Licinius dans sa fuite.

Zosime, *Histoire nouvelle*, II, XXII, 4 - XXIII, 1.

Constantin fait le siège de Byzance, pendant que les flottes s'affrontent. Après un premier accrochage, la bataille navale du lendemain se termine par la destruction ou la fuite des bateaux de Licinius.

Licinius s'étant pour sa part retiré vers Byzance, Constantin le suivit et mit le siège devant Byzance. Sa flotte, je l'ai dit, avait quitté le Pirée et avait jeté l'ancre en Macédoine ; Constantin fait tenir ses ordres aux amiraux et ordonne d'amener les navires au débouché de l'Hellespont. Lorsque la flotte fut arrivée comme il lui avait été ordonné, les généraux de Constantin décidèrent de ne livrer bataille qu'avec quatre-vingts navires à trente rameurs, possédant d'excellentes qualités de navigation, car l'endroit, du fait qu'il est resserré, n'est pas favorable à un grand nombre de navires, tandis qu'Abantos, l'amiral de Licinius, s'avançait avec deux cents navires, plein de mépris pour le petit nombre des bâtiments de l'adversaire et dans l'idée qu'il les bloquerait facilement de tous côtés. Lorsque les signaux eurent été donnés de part et d'autre et que les vigies de proue eurent indiqué la direction de l'attaque les uns contre les autres, les amiraux de Constantin naviguèrent en bon ordre pour assaillir l'adversaire, tandis qu'Abantos, cinglant contre l'ennemi dans une grande confusion, lança les uns contre les autres ses navires disposés en formation trop serrée à cause de leur grand nombre et donna ainsi à son adversaire l'occasion d'en couler et de provoquer toutes sortes de dégâts ; beaucoup de matelots et de soldats étaient tombés à la mer quand la nuit survint et interrompit la bataille navale ; or les uns se mirent au mouillage à Éléous de Thrace, les autres pénétrèrent dans le port de l'Aiantion.

Le lendemain, un violent vent du nord s'étant levé, Abantos s'avança hors du port de l'Aiantion et se disposa à combattre sur mer ; lorsque les vaisseaux à trente rameurs qui avaient stationné au débouché de l'Hellespont arrivèrent, sur l'ordre des généraux, à Éléous, Abantos, frappé de terreur par le grand nombre de ces navires, hésita à cingler vers l'ennemi.

Vers midi, le vent du nord tomba, mais un violent vent du sud se leva et, surprenant la flotte de Licinius près de la rive asiatique, fit s'échouer une part des navires, en lança d'autres sur des écueils et en fit couler d'autres encore avec leurs équipages, si bien que cinq mille hommes périrent ainsi que cent trente navires avec leurs équipages, navires grâce auxquels Licinius avait précisément fait passer une partie de son armée de Thrace en Asie, vu que ceux qui étaient assiégés à Byzance se trouvaient à l'étroit à cause de leur grand nombre. Abantos s'étant enfui avec quatre vaisseaux en direction de l'Asie, c'est ainsi que se termina la bataille navale. Lorsque des navires transportant toutes sortes de marchandises furent arrivés dans l'Hellespont et eurent amené une grande quantité d'approvisionnement aux généraux de Constantin, ceux-ci gagnèrent le large avec toute la flotte afin de faire leur jonction avec ceux qui assiégeaient Byzance et de bloquer la ville du côté de la mer également. Cependant les fantassins de Licinius ne supportèrent même pas la vue de ces forces navales, s'emparèrent de navires et partirent pour Éléous.

Zosime, *Histoire nouvelle*, II, XXIII, 1 - XXIV.

Constantin renforce donc par mer le siège de Byzance et s'apprête à s'emparer de la ville, que Licinius abandonne.

Quant à Constantin, qui donnait tous ses soins au siège, après avoir construit une terrasse qui avait la même hauteur que le mur et avoir dressé sur la terrasse des tours de bois plus élevées que la muraille, d'où on perça de traits les défenseurs du mur afin qu'on puisse approcher en sécurité du mur des béliers et d'autres machines de siège, il songea à s'emparer de la ville. Plein d'embarras devant cette situation, Licinius décida d'abandonner Byzance en y laissant la part la plus faible de son armée et de se rendre à Chalcédoine de Bithynie avec les troupes qui lui étaient dévouées et qui lui avaient témoigné des marques de bienveillance ; il se fiait en effet à la possibilité de rassembler une armée en Asie et de reprendre la lutte. Après avoir donc passé à Chalcédoine et choisi comme compagnon de dangers Martinien, qui était le chef des services du palais (les Romains le nomment maître des offices), il l'élève à la dignité de César et l'envoie avec une armée à Lampsaque pour qu'il empêche l'ennemi de traverser de la Thrace vers l'Hellespont ; lui-même disposa ses propres forces dans les collines et les gorges qui entourent Chalcédoine.

Zosime, *Histoire nouvelle*, II, XXV.

Constantin réussit à faire passer une partie de ses troupes en Bithynie : une bataille a lieu près de Chalcédoine, à la suite de laquelle Byzance et Chalcédoine se livrent à Constantin, le 18 septembre 324.

Il en était là lorsque Constantin, qui disposait d'un grand nombre de navires aussi bien de transport que de guerre et qui voulait en profiter pour s'emparer de la rive opposée, mais craignait que la rive bithynienne ne fût peu accessible, surtout pour ses transports, fit construire des vaisseaux légers et des barques rapides, cingla en direction du lieu nommé le Promontoire Sacré, situé près du débouché dans le Pont, à une distance de deux cents stades de Chalcédoine, y fit débarquer son armée, gravit quelques collines et disposa à partir de là sa ligne de bataille. Lorsque Licinius constate que la Bithynie est occupée par l'ennemi, sa position s'avérant très périlleuse, il rappelle Martinien de Lampsaque. Après avoir redonné courage aux soldats en leur promettant de se mettre lui-même à leur tête, il rangea son armée pour combattre, s'avança hors de la ville et marcha à la rencontre de l'ennemi qui était déjà prêt. Une violente bataille s'étant engagée dans le secteur situé entre Chalcédoine et le Promontoire Sacré, le parti de Constantin eut largement le dessus : s'étant précipité de toutes ses forces sur l'ennemi, il en fit un tel massacre que sur cent trente mille hommes, à peine trente mille en réchappèrent. Or ces événements s'étaient à peine produits que les habitants de Byzance ouvraient leurs portes et reçurent Constantin ; les Chalcédoniens eux aussi agirent de même. Après sa défaite, Licinius partit en direction de Nicomédie avec ce qui lui restait de cavaliers et quelques milliers de fantassins. [...]

Constantin assiégeant Licinius également à Nicomédie, celui-ci perdit l'espoir, car il savait qu'il ne disposait d'aucune force suffisante pour combattre. Étant sorti devant la ville, il prit devant Constantin l'attitude du suppliant et, après avoir apporté sa pourpre, le nomma empereur et maître en lui demandant pardon pour le passé. Il avait en effet confiance qu'il resterait en vie, sa femme ayant reçu à cet égard les serments de Constantin. Constantin remit Martinien aux gardes pour qu'ils le fassent mourir ; en ce qui concerne Licinius, après l'avoir envoyé à Thessalonique comme pour qu'il y vive en sécurité, il viola bientôt ses serments (cela lui était en effet habituel) et lui ôta la vie par pendaison.

Zosime, *Histoire nouvelle*, II, XXVI, XXVIII.

CONSTANTIN, SEUL EMPEREUR

324 - 336

À cette époque, l'État romain était gouverné par un seul Auguste et trois Césars, ce qui ne s'était jamais produit, les enfants de Constantin étant à la tête de la Gaule, de l'Orient et de l'Italie.

Eutrope, *Abrégé*, X, 6, 2.

En 326, quelques mois après la célébration de ses vingt ans de règne[1]*, Constantin fait mettre à mort son fils Crispus et son épouse Fausta. Ces drames sont tus, ou mentionnés sans explication, par les auteurs chrétiens, à l'exception de Philostorge.*

Crispus, le fils le plus âgé de Constantin, né de la fille de Maxence[2], qui régnait sous la direction de son père (il avait la dignité de César) et avait accompli de brillants exploits contre les ennemis, mourut alors qu'il était dans la fleur de son âge l'année qui suivit le concile de Nicée. On dit que c'est sa belle-mère Fausta qui fut la cause de ce meurtre, par suite d'une folie amoureuse[3]. Étant tombée amoureuse du jeune homme et dominée par la passion, elle

1. *Vicennalia* en juillet 326.

2. Donnée inexacte. On ne sait de qui Minervina, mère de Crispus et concubine de Constantin avant son mariage avec Fausta, était la fille.

3. Plusieurs lois sur l'adultère sont émises cette année-là : *Code Théodosien*, IX, 7, 1-2 ; 8, 1.

chercha d'abord à le séduire par diverses paroles, en l'invitant à s'unir à elle. Mais comme celui-ci refusait absolument, n'en supportant même pas la simple mention, et qu'il était clair qu'il ne serait jamais d'accord, alors la femme, consumée par ses désirs et ne sachant que devenir, en vint à une machination contre son bien-aimé, ayant changé son amour en haine. Irritée parce que son désir ne recevait pas de réponse, elle chercha la guérison de sa passion dans le meurtre du bien-aimé, désirant apaiser son désir par un assassinat. Elle persuada son époux de tuer son fils, ayant fait de sa maladie celle de celui-ci et en rapportant de lui toutes sortes de paroles imaginaires. Celui-ci, dès qu'il entendit ce que disait sa femme, ayant laissé la colère déborder sa raison et n'ayant pas voulu se livrer à une enquête sur les faits, devint Thésée pour son fils, et de même que celui-ci mit à mort Hippolyte par suite de la calomnie de Phèdre…, de même celui-ci fit égorger son fils suite à l'accusation calomnieuse de sa femme. […]

Mais la justice ne s'endormit pas sur le malheur, car une vengeance méritée frappa la marâtre. Celle-ci en étant venue à désirer de nouveau un des courriers de l'empereur et ayant été prise sur le fait, est mise à mort par son mari, qui ordonna en secret à ses eunuques, lorsqu'elle irait au bain, de la retenir à l'intérieur pour les soins pendant un temps trop long, même si elle refusait, en se relayant les uns les autres, jusqu'à ce que la femme perde connaissance à cause de l'excès de chaleur ; de l'en sortir ensuite alors qu'elle en était à ses derniers souffles, en feignant de croire que ce n'était pas par suite d'un complot, mais plutôt d'un accident de bain qu'elle avait perdu la vie. Ainsi l'action accomplissait le châtiment, mais la manière de faire occultait le déshonneur de la cause.

Vie de Constantin du *Codex Angelicus 22*,
d'après Philostorge.

Son fils Crispus, qui avait été jugé digne du rang de César, et avait été soupçonné d'avoir une liaison avec sa belle-mère Fausta, il le fit mourir, sans aucun égard pour les lois naturelles ; comme Hélène, la mère de Constantin, s'indignait d'une telle violence et ne pouvait admettre le meurtre du jeune homme, Constantin, comme pour la consoler, porta remède à ce mal par un mal pire ; après avoir en effet ordonné de chauffer outre mesure un bain et y avoir placé Fausta, il ne l'en ressortit que morte.

Zosime, *Histoire nouvelle*, II, XXIX, 2.

La conversion de Constantin au christianisme est vue par Julien et par Zosime comme la manière de se purifier de ces crimes.

Quant à Constantin, qui ne trouvait pas chez les dieux de modèle à sa conduite, découvrant non loin de lui la Mollesse, il s'empressa de la rejoindre. Celle-ci le reçut tendrement, l'enlaça dans ses bras, le revêtit et le para de vêtements aux couleurs chatoyantes, puis elle le conduisit à la Débauche. Ainsi le prince put aussi trouver Jésus qui hantait ces lieux et criait à tout venant : « Que tout séducteur, tout homicide, tout homme frappé de malédiction et d'infamie se présente en confiance. En le baignant avec l'eau que voici, je le rendrai pur aussitôt, et s'il retombe dans les mêmes fautes, lorsqu'il se sera battu la poitrine et frappé la tête, je lui accorderai de redevenir pur. » Ravi de cette rencontre, Constantin emmena ses enfants hors de l'assemblée des dieux. Mais ils furent traqués, lui comme eux, par les démons de la vengeance, non seulement à cause de leur athéisme, mais encore pour expier le sang de leurs proches, jusqu'à ce que Zeus, par égard pour Claude et pour Constance[4], leur permît de reprendre haleine.

Julien, *Les Césars*, 38.

Comme il avait ces crimes sur la conscience..., il alla trouver les prêtres et leur demanda des sacrifices expiatoires pour ses méfaits ; ceux-ci lui ayant répondu qu'il n'existait aucune sorte d'expiation assez efficace pour purifier de telles impiétés, un Égyptien, arrivé d'Espagne à Rome et devenu familier des femmes du palais[5], rencontra Constantin et affirma fortement que la croyance des chrétiens détruisait tout péché et comportait cette promesse que les impies qui s'y convertissaient étaient aussitôt lavés de tout crime. Ayant accueilli très favorablement ces paroles, s'étant détaché des rites ancestraux et ayant admis ce que l'Égyptien lui proposait, Constantin entra dans la voie de l'impiété[6].

Zosime, *Histoire nouvelle*, II, XXIX, 3-4.

4. Claude était tenu pour un des ancêtres de Constantin ; Constance (Chlore) est son père.

5. Ce personnage est vraisemblablement l'évêque Hosius de Cordoue, bien que sa désignation comme « égyptien » pose problème.

6. La « voie de l'impiété », pour Zosime, est évidemment le christianisme.

En 334, un autre rebelle est châtié.

Quand l'aîné, pour on ne sait quelle raison, eut péri condamné par son père, soudain Calocérus, maître d'un troupeau de chameaux, comme un insensé, sous prétexte de régner, s'empara de l'île de Chypre. Lorsqu'il eut été supplicié, comme c'était légitime, à la manière des esclaves et des brigands, Constantin détourna sa grande âme des luttes politiques.

Aurélius Victor, *Les Césars*, 41, 11-12.

LA FONDATION DE CONSTANTINOPLE

326 - 330

En 326, après ses vicennalia, Constantin quitte Rome pour ne plus y retourner. Il avait décidé dès 324 de créer une nouvelle capitale en Orient en consacrant le sol de l'ancienne Byzance. Après 328, le plan de la nouvelle capitale fut agrandi ; la ville nouvelle fut dédiée le 11 mai 330.

Philostorge dit que Constantin, dans la vingt-huitième année de son règne, a changé Byzance en Constantinople, et pour définir son enceinte a progressé pas à pas en tenant une lance en main. Lorsqu'il paraissait bon à ceux qui l'accompagnaient d'étendre la mesure plus qu'il ne convenait, quelques-uns venaient vers lui et lui demandaient :

Jusqu'où, maître ?

Et lui de répondre constamment :

Jusqu'où se tient celui qui est devant moi.

Il montrait par là que quelque puissance céleste le précédait, qui lui enseignait ce qu'il fallait faire.

L'ayant fondée, il nomma la ville Alma Roma, ce qui signifie en langue latine « l'illustre » ; il y établit un sénat, distribua des parts d'annone[1] à ses habitants et disposa en elle tout autre ornement pour la

1. Impôt en nature perçu dans l'Empire sur le produit de la récolte annuelle redistribué à certains habitants de Rome et de Constantinople.

vie, de manière qu'elle éclipse la gloire de la première Rome.

Philostorge, *Histoire ecclésiastique*, II, 9.

Ayant donc célébré publiquement la fête de ses vingt ans de règne, il s'employait aussitôt à la restauration des églises. Il faisait cela dans diverses villes et dans celle qui portait son nom, qui auparavant s'appelait Byzance, qu'il agrandit, entoura de grands remparts et orna de divers édifices. Après l'avoir rendue égale à la Rome impériale et avoir changé son nom en celui de Constantinople, il établit par une loi qu'on l'appellerait deuxième Rome. Cette loi est gravée sur une stèle de pierre et placée à la vue de tous dans le stratégion, près de sa propre statue équestre. Dans cette ville, il construisit aussi deux églises, l'une qu'il appela Paix, l'autre du nom des apôtres. Non seulement, comme je l'ai dit, il favorisait les affaires des chrétiens, mais il s'en prenait à celles des païens. Il exposait en public les statues pour orner Constantinople et il produisit après les avoir confisqués les trépieds[2] de Delphes dans l'hippodrome.

Socrate, *Histoire ecclésiastique*, I, XVI, 1-3.

Comme il ne supportait pas d'être blâmé pour ainsi dire par tout le monde, il chercha une ville qui contrebalançât Rome et où il lui faudrait établir un palais. S'étant trouvé entre le cap Sigée de Troade et l'ancienne Ilion[3], il découvrit un endroit qui se prêtait à la construction d'une ville, y jeta des fondations et éleva une portion

2. Voir p. 15.
3. Troie.

de muraille jusqu'à une certaine hauteur, que ceux qui naviguent vers l'Hellespont peuvent voir encore aujourd'hui ; mais il en vint à changer d'idée, abandonna cette entreprise inachevée et se rendit à Byzance. Plein d'admiration pour la situation de la ville, il décida de l'agrandir considérablement et de lui donner l'ampleur qui convient à une résidence impériale ; cette ville est en effet située sur une colline et occupe une partie de l'isthme qui se trouve entre ce qu'on nomme la Corne et la Propontide ; la porte qu'elle avait autrefois complétait les portiques que construisit l'empereur Septime Sévère. [...] Le mur était établi au travers de la colline de sa partie occidentale jusqu'au temple d'Aphrodite et à la mer face à Chrysopolis, descendait semblablement du versant nord de la colline jusqu'au port qu'on nomme « Arsenal », et au-delà jusqu'à la mer qui est située exactement à droite de la passe par laquelle on monte en direction du Pont Euxin ; jusqu'au Pont, ce détroit a une longueur d'environ trois cents stades. Telle était donc anciennement l'étendue de la ville. Quant à lui, après avoir construit à l'endroit où se trouvait auparavant la porte un forum circulaire et l'avoir entouré de portiques à deux étages, il disposa deux très vastes passages voûtés en marbre de Proconnèse, se faisant face, et par lesquels il est possible de pénétrer dans les portiques de Sévère et de sortir de la vieille ville ; comme il voulait rendre la ville beaucoup plus vaste, il l'entoura d'un mur situé quinze stades au-delà de l'ancien et qui coupait l'isthme d'une mer à l'autre.

Quand il eut de cette manière agrandi considérablement la ville par rapport à ce qu'elle était auparavant, il construisit aussi un palais impérial qui ne le cédait guère à celui de Rome ; il orna aussi merveilleusement l'hippodrome en y incorporant le sanctuaire des Dioscures, dont on peut voir aujourd'hui encore les statues dressées sur les portiques de l'hippodrome. Il plaça aussi dans une partie de l'hippodrome le trépied de l'Apollon de Delphes, qui comportait même une représentation figurée d'Apollon lui-même. Comme il y avait à Byzance un très grand forum entouré de quatre portiques, c'est vers les extrémités de l'un de ces portiques, auquel on monte par un nombre assez élevé de degrés, qu'il construisit deux temples où il plaça des statues. [...]

Après avoir déjà élevé son fils Constantin à la dignité de César et lui avoir adjoint aussi ses fils Constance et Constant, il agrandit Constantinople en lui donnant les dimensions d'une ville très considérable, de sorte que la plupart des empereurs qui lui succédèrent, choisissant d'y établir leur résidence, y rassemblèrent une foule excessive, vu que de toute la terre les hommes y affluaient à cause du service militaire, du commerce ou d'autres occupations.

Zosime, *Histoire nouvelle*, II, XXX, 1 - XXXI, 2 ; XXXV, 1.

Sous le consulat de Januari(n)us et Justus (328).

Constantin, empereur digne de louanges, quittant Rome pour Nicomédie, capitale de la Bithynie, fit un long séjour à Byzance. Il y rebâtit le mur primitif de la cité, le dota de nombreuses adjonctions qu'il relia à l'ancienne enceinte, et donna à la ville le nom de Constantinople. Il y édifia également un hippodrome orné de remarquables ouvrages de bronze et contenant une loge impériale exactement semblable à celle qui se trouve à Rome. Puis il éleva un grand palais à proximité de l'hippodrome, avec un passage direct du palais à la loge par l'endroit dit « le colimaçon ». Il construisit aussi un forum vaste et d'une extrême somptuosité, au centre duquel il plaça une haute et admirable colonne en porphyre rouge de Thèbes ; elle était surmontée d'une grande statue qui représentait le souverain en personne portant sur la tête des rayons solaires, ouvrage de bronze qu'il avait rapporté de Phrygie. L'empereur Constantin enleva subrepticement de Rome ce qu'on appelle le Palladium pour le placer sur le forum qu'il avait créé, sous sa statue de la colonne, à ce que disent certains Byzantins, pour l'avoir appris les uns des autres. Puis la Fortune de la ville qu'il avait ainsi régénérée reçut de lui, au cours d'un sacrifice non sanglant, le nom de Florissante.

L'empereur érigea en outre deux remarquables portiques joignant l'entrée du forum et ornés de statues et de marbres. Il appela *Regia* l'emplacement de ces portiques. À proximité, il éleva aussi une basilique dite Sénat, qui comportait une abside et présentait extérieurement de hautes colonnes et des statues. Cet endroit est nommé *Augusteon*, parce qu'il y avait également, placée sur une colonne de porphyre, une statue honorant sa propre mère, l'impératrice Hélène Augusta. De même construisit-il le bain public appelé de Zeuxippe, qu'ornaient des colonnes de marbres variés et des ouvrages de bronze.

Sous le consulat de Gallicanus et de Bassus (330).

L'an 301 après l'ascension du Seigneur et 25 du règne de l'empereur, le très pieux Constantin, père du jeune Constantin Auguste et des Césars Constance et Constant, après avoir bâti une ville très vaste, magnifique, opulente et dotée d'un sénat, la nomma Constantinople, alors qu'elle s'appelait antérieurement Byzance, et proclama qu'elle prenait le titre de « seconde Rome » ; cet événement eut lieu le 5 des ides de mai, le deuxième jour de la semaine, au cours de la troisième indiction. Il fut alors le premier à offrir des jeux équestres et le premier à porter un diadème de perles et d'autres perles précieuses. Il donna, le 11 du mois d'Artémisios, une grande fête au cours de laquelle il fit à la fois célébrer le jour de naissance de sa ville au moyen de son image divine et fit ouvrir le bain public de Zeuxippe situé à proximité de l'hippodrome. Il fit exécuter une autre statue de lui-même en bois doré, qui portait dans sa main droite la Fortune de cette ville, également dorée ; puis il prescrivit que le jour où se donneraient à l'hippodrome les jeux anniversaires de la fondation de la ville, cette même statue de bois fût introduite, escortée par des soldats portant chlamyde et chaussés de brodequins, ayant chacun en main un cierge blanc. Le char ferait le tour de la borne supérieure avant de se placer vers le *stama* en face de la loge impériale[4] ; l'empereur alors se lèverait et se prosternerait à la vue de la statue de Constantin et de la Fortune de la ville.

Le très divin empereur Constantin continua à régner à Constantinople, qu'il détacha de la province d'Europe, c'est-à-dire de sa métropole Héraclée. Il installa à Constantinople un préfet du prétoire, un préfet de la ville et le reste des hauts fonctionnaires.

Chronique pascale, années 328 et 330.

4. Le *stama* était une tribune, en face de la loge impériale, où l'empereur se rendait pour remettre leurs couronnes aux vainqueurs des courses.

Des reliques de la Croix trouvées à Jérusalem par Hélène[5] *furent placées dans la statue.*

Ayant enfermé une partie de la Croix dans un coffret d'argent, elle {Hélène} le laissa en ce lieu même comme un mémorial pour ceux qui voudraient la voir et elle envoie l'autre partie à l'empereur. Quand il l'eut reçue, estimant que la ville où celle-ci serait conservée serait parfaitement protégée, il la cacha dans sa propre statue, celle qui est installée à Constantinople, dans le forum appelé « de Constantin », sur la grande colonne de porphyre. Cela, je l'écris pour l'avoir entendu dire, et presque tous les habitants de Constantinople disent que c'est vrai[6]. Quant aux clous qui étaient fichés dans les mains du Christ sur la Croix, Constantin les prit (car sa mère, qui les avait trouvés eux aussi dans le tombeau, les lui envoya), il en fit faire des mors et un casque, dont il se servait dans les guerres.

Socrate, *Histoire ecclésiastique*, I, XVII, 8-9.

5. Voir p. 165.

6. Socrate, qui écrit en 438, plus de cent ans après l'événement, rapporte une tradition orale de la capitale.

LA POLITIQUE ÉTRANGÈRE ENVERS LES BARBARES ET LES PERSES

330 - 334

Plusieurs textes font état de victoires de Constantin et du César Constantin II sur Goths, Sarmates et Taïfales en 330, 332 et 334.

Il entreprit ensuite une guerre contre les Goths et porta assistance aux Sarmates, qui l'imploraient. Ainsi, grâce au César Constantin, près de cent mille moururent de faim et de froid. Il reçut alors des otages, parmi lesquels le fils du roi Ariaricus. Ayant ainsi établi la paix avec eux, il se tourna vers les Sarmates, qui s'étaient montrés peu fiables. Mais les esclaves des Sarmates se révoltèrent contre tous leurs maîtres : Constantin accueillit libéralement ceux qui étaient chassés, et il répartit plus de trois cent mille hommes d'âge et de sexe divers en Thrace, Scythie, Macédoine et Italie.

Anonyme de Valois, VI, 31-32.

Il me faut ajouter en passant qu'il soumit les tribus barbares au pouvoir des Romains, que, le premier, il mit sous le joug les peuples des Scythes et des Sarmates, qui n'avaient pas encore appris à servir, en les forçant à tenir les Romains pour leurs maîtres, même contre leur gré. Les gouvernants précédents payaient des tributs aux Scythes, les Romains servaient les barbares par des versements annuels. Un tel procédé n'était pas acceptable pour l'empereur, et il ne jugeait pas bon qu'un vainqueur accorde la même chose que ses prédécesseurs. Mais, confiant dans son sauveur et brandissant au-dessus d'eux le trophée qui donne la victoire, il les soumit tous en peu de temps ; tantôt en matant les réfractaires par le bras armé, tantôt en se conciliant les autres par des négociations raisonnables, en les faisant passer d'une vie sans lois et animale à une vie de raison et de loi. De cette manière, les Scythes apprirent alors à servir Rome.

En ce qui concerne les Sarmates, c'est Dieu lui-même qui les jeta sous les pieds de Constantin, en domptant des hommes qui se glorifiaient de leur mentalité barbare. Lorsque les Scythes les attaquaient, les maîtres armaient leurs serviteurs pour chasser les ennemis, mais lorsque les esclaves étaient vainqueurs, ils tournaient les boucliers contre leurs maîtres et les chassaient de leur pays. Ceux-ci ne trouvèrent pas d'autre port de salut que Constantin ; celui-ci, sachant comment les sauver tous, les recevait dans le pays des Romains, il plaçait ceux qui étaient capables dans ses propres armées, aux autres il distribuait des terres à cultiver pour leur subsistance, de sorte qu'ils reconnaissaient que leur malheur était arrivé pour leur bien et qu'ils jouissaient de la liberté romaine au lieu de la bestialité barbare. C'est ainsi que Dieu lui donnait la victoire sur toutes les nations, de sorte que de leur plein gré toutes sortes de tribus barbares voulaient se soumettre à lui.

Eusèbe de Césarée, *Vie de Constantin*, IV, V-VI.

Sa politique envers les barbares a suscité des jugements contradictoires. Eusèbe loue sa politique d'accueil, Julien et Zosime la critiquent.

Constamment, des ambassades venues de partout apportaient de précieux présents de chez eux, de sorte que nous-même, nous trouvant devant les portes du palais, nous avons vu, attendant en ordre, de remarquables figures de barbares, avec leurs tenues d'apparat, leur allure particulière, leur chevelure et leur barbe tout à fait insolites, l'aspect barbare et surprenant de leur visage inquiétant, leur taille extraordinaire. Les uns avaient des visages rougeauds, les autres plus blancs que neige, les autres plus noirs que l'ébène ou la poix, d'autres avaient une couleur mélangée, car des gens de race blemmye, indienne et éthiopienne, « qui aux extrémités du monde sont partagés en deux »[1], pouvaient être vus parmi ceux que j'ai mentionnés. À leur tour, comme dans un tableau, ils présentaient à l'empereur des biens précieux de chez eux, les uns des couronnes d'or, les autres des diadèmes de pierres précieuses, d'autres des esclaves à la blonde chevelure, les autres des vêtements barbares tissés d'or et de fleurs, les autres des chevaux, les autres des boucliers, de grandes lances, des javelots et des arcs, montrant par là qu'ils offraient à l'empereur, quand il le voudrait, service et alliance. En les recevant de ceux qui les apportaient et les acceptant, l'empereur leur en offrait de semblables en retour, de sorte qu'en une seule fois il rendait les porteurs de dons très riches. Il honorait les plus

1. Homère, *Odyssée*, I, 23.

illustres d'entre eux de dignités romaines, de sorte que beaucoup voulaient rester chez nous, oubliant toute idée de retour chez eux.

Eusèbe de Césarée, *Vie de Constantin*, IV, VII.

Après son installation à Constantinople, il continua à ne mener aucune guerre avec succès ; les Taïfales, de race scythe, ayant passé à l'attaque avec cinq cents cavaliers, non seulement il ne leur opposa aucune troupe, mais encore, après avoir perdu le plus gros de ses forces et les avoir vus porter leurs ravages même jusqu'à son retranchement, il parvint tout juste à trouver son salut dans la fuite. [...]

Constantin prit encore une autre mesure qui permit aux barbares de pénétrer sans rencontrer de résistance dans le territoire soumis à la domination romaine. Comme, grâce à la prévoyance de Dioclétien, l'Empire romain, sur toutes ses frontières, était protégé par des villes, des stations fortifiées et des tours, et que l'ensemble de l'armée y avait ses cantonnements, le passage était impossible pour les barbares vu qu'il y avait partout des forces prêtes à résister et capables de repousser l'assaillant. Or, abolissant cette sécurité et retirant des frontières la plus grande partie des soldats, Constantin les installa dans les villes qui n'avaient pas besoin de protection, priva de secours ceux qui étaient sous la menace des barbares, imposa aux villes qui étaient paisibles le désordre que provoque la soldatesque – ce qui les a rendues désormais pour la plupart désertes –, laissa s'amollir les soldats qui s'adonnaient aux spectacles et à une vie confortable, et en un mot fut lui-même à l'origine et sema les germes de la ruine de l'État qui nous afflige aujourd'hui encore.

Zosime, *Histoire nouvelle*, II, XXXI, XXXIV.

En réponse à une ambassade perse, Constantin adresse une lettre au roi de Perse Sapor II[2].

Quand le roi de Perse jugeait bon de reconnaître Constantin par une ambassade et lui envoyait aussi des présents et des propositions de conventions amicales, Constantin négociait un traité à cette fin, en l'emportant en magnificence somptueuse sur celui qui avait pris l'initiative de l'honorer par les dons faits en retour. Ayant appris que les Églises de Dieu se multipliaient dans la nation des Perses et que des myriades de peuples avaient été conduits dans les troupeaux du Christ, réjoui par cette nouvelle, et comme quelqu'un qui est en tout lieu le gardien commun, dans ce cas aussi il prit des mesures en faveur de tous. Lui-même exposa cela dans la lettre qu'il adressa au roi de Perse, lui recommandant les hommes avec beaucoup de tact et de sollicitude.

Eusèbe de Césarée, *Vie de Constantin*, IV, VIII.

Pourtant, vers la fin de son règne, une guerre contre la Perse est projetée, interrompue par sa mort ; elle sera reprise par son fils Constance II.

Cela aussi est digne de mémoire : vers cette époque, lorsqu'on entendit parler de mouvements des barbares

2. La date en est discutée, entre 324 et 337.

de l'Orient, ayant dit qu'il lui manquait encore cette victoire, il faisait mouvement pour combattre les Perses. Une fois cette décision prise, il réunissait les unités militaires et il discutait aussi de la campagne avec les évêques qui l'entouraient, en prévoyant que quelques-uns de ceux qui étaient nécessaires pour le service divin seraient avec lui. Ceux-ci disaient qu'ils auraient tout à fait à cœur de l'accompagner comme il le désirait et de combattre avec lui par leurs supplications auprès de Dieu. Très réjoui par leurs promesses, il planifiait avec eux la campagne. Ensuite, il fit équiper avec beaucoup d'honneur, pour la conduite de cette guerre, la tente en forme d'église dans laquelle il avait l'intention d'adresser avec les évêques des supplications à Dieu, celui qui donne la victoire. Là-dessus les Perses, informés des préparatifs de l'empereur pour la guerre et redoutant fortement de le combattre, demandaient par une ambassade de faire la paix. Aussi, le très pacifique empereur reçut l'ambassade des Perses et en vint aimablement à des termes amicaux avec eux.

Eusèbe de Césarée, *Vie de Constantin*, IV, LVI-LVII.

Puisque les détracteurs de Julien l'incriminent d'avoir suscité les bouleversements de nouvelles guerres, [...] qu'ils sachent bien clairement, de la bouche de la vérité, que ce n'est point Julien, mais Constantin, qui alluma l'incendie parthe, au moment où il se reposa avidement sur les mensonges de Métrodore, comme nous l'avons raconté en détail plus haut.

Ammien Marcellin, *Histoires*, XXV, IV, 23.

C'est sans doute le livre perdu d'Ammien, où il devait donner plus de détails sur ces mensonges, qui a inspiré en partie le récit de Cedrenus.

La cause de la rupture de la paix fut celle-ci. Un certain Métrodore, un Perse, sous prétexte de philosophie, s'était rendu en Inde chez les Brahmanes. Y faisant preuve d'une grande abstinence, il devint chez eux très vénéré [...]. Il reçut du roi de l'Inde des pierres précieuses et des perles pour qu'il en fasse présent à l'empereur. Revenu à Byzance, il en donna à l'empereur, mais comme celui-ci s'étonnait, il lui dit qu'il en avait apporté d'autres, mais qu'elles lui avaient été enlevées par les Perses. L'empereur écrivit alors une lettre tranchante à Sapor en demandant de les envoyer, mais, au reçu de la lettre, celui-ci ne les renvoya pas. Aussi la paix fut rompue.

Cedrenus, *Abrégé des histoires*, 1, p. 516-517, Bonn.

LES RÉFORMES ADMINISTRATIVES ET LA POLITIQUE FISCALE

Les critiques de Zosime sur les réformes administratives.

Il bouleversa aussi les fonctions établies depuis longtemps. Il y avait en effet deux préfets du prétoire qui exerçaient leur charge en commun : ce n'étaient pas seulement les corps de troupe stationnées à la cour qui dépendaient de leurs soins et de leur autorité, mais aussi ceux qui étaient chargés de protéger la Ville et ceux qui se trouvaient en garnison sur toutes les frontières ; en effet, c'est de la charge des préfets, considérée comme la seconde après la fonction impériale, que dépendaient aussi bien les distributions de ravitaillement que la répression, par les punitions appropriées, des fautes commises au mépris de l'instruction militaire.

Or, Constantin, modifiant ce qui était parfaitement bien établi, divisa en quatre une charge qui était unique ; en effet, à l'un des préfets il attribua toute l'Égypte et en outre la Pentapole de Libye, ainsi que l'Orient jusqu'en Mésopotamie, et en plus la Cilicie, la Cappadoce et l'Arménie, de même que toute la côte depuis la Pamphylie jusqu'à Trébizonde et aux postes de garde situés près du Phase, en confiant aussi au même la Thrace délimitée par la Mésie jusqu'à Asémos et par le Rhodope jusqu'à la ville de Topéros, ainsi que Chypre et les îles des Cyclades, excepté Lemnos, Imbros et Samothrace. Au second la Macédoine, la

Thessalie, la Crète, la Grèce ainsi que les îles qui l'entourent, les deux Épires, en outre l'Illyrie, la Dacie, le pays des Triballes, la Pannonie jusqu'en Valérie, et en plus la Mésie supérieure ; au troisième toute l'Italie et la Sicile, ainsi que toutes les îles qui l'entourent, et de plus la Sardaigne, la Corse et l'Afrique des Syrtes à la Césarienne ; au quatrième la Gaule transalpine, l'Espagne et en outre l'île de Bretagne.

Ayant ainsi divisé la préfecture du prétoire, il s'appliqua à l'affaiblir par d'autres mesures encore : en effet, alors que les soldats avaient partout à leur tête non seulement des centurions et des tribuns, mais encore ceux qu'on nomme ducs, qui occupaient dans chaque garnison la fonction de général, Constantin, ayant créé des maîtres, celui de la cavalerie et celui de l'infanterie, et fait passer sous leur compétence le pouvoir de ranger l'armée en bataille et celui d'infliger des punitions aux coupables, priva de cette prérogative aussi les préfets. Ce que cela comporta comme conséquences ruineuses en temps de paix comme en temps de guerre, je vais tout de suite le dire : comme d'une part les préfets levaient partout l'impôt par l'intermédiaire de leurs sous-ordres et utilisaient ces revenus pour entretenir l'armée, et que d'autre part ils avaient les soldats sous leur autorité du fait que ceux-ci subissaient le châtiment de leurs fautes selon leur libre appréciation, les soldats avaient de bonnes raisons de ne pas oublier que celui qui assurait leur subsistance châtiait aussi les coupables et n'osaient en rien violer leurs devoirs par crainte d'être privés de ravitaillement et punis sans délai. Maintenant, comme c'est une personne qui remet sa subsistance à l'armée et une autre qui dirige l'instruction, ils n'agissent en toute chose qu'à leur tête, outre que la plus grande part des approvisionnements sert à enrichir le général et ses sous-ordres.

Zosime, *Histoire nouvelle*, II, XXXII, 2 - XXXIII.

Les louanges d'Eusèbe sur la politique fiscale...

La manière qu'il avait de se rendre agréable à l'ensemble de ses sujets, on peut l'observer à partir d'un seul exemple avantageux et qui, répandu parmi tous, est connu aujourd'hui encore. Le quart des impôts sur la terre, il le remettait aux propriétaires des champs, de sorte que celui qui calculait la réduction annuelle constatait que tous les quatre ans les propriétaires étaient exempts d'impôts[1]. Cela fut confirmé par une loi[2] et resta en vigueur durant toute la période qui suivit, rendant la libéralité de l'empereur inoubliable et permanente, non seulement pour les vivants, mais pour leurs enfants et successeurs.

Et parce que d'autres se plaignaient des mesures de leurs terrains qui avaient été faites sous les gouvernements précédents et assuraient que leurs propriétés avaient été surtaxées, il envoyait par décret des répartiteurs qui procuraient des allègements à ceux qui les avaient demandés.

Eusèbe de Césarée, *Vie de Constantin*, IV, II-III.

... et les critiques de Zosime sur cette même politique.

1. Voir aussi le discours de remerciement à Constantin du rhéteur d'Autun, *supra*, p. 41.

2. Cette loi n'a pas été conservée.

Constantin continua à dilapider le produit des impôts en faisant des cadeaux, non pas à qui en avait besoin, mais à des gens indignes et inutiles, devenant insupportable aux contribuables et enrichissant des individus incapables de rendre le moindre service ; il considérait en effet la prodigalité comme un point d'honneur. C'est lui qui imposa aussi le versement d'or et d'argent[3] à ceux qui, partout dans le monde, s'adonnent au commerce et à ceux qui, dans les villes, offrent à vendre toutes sortes d'objets, et cela jusqu'aux plus humbles aussi, sans même permettre aux malheureuses prostituées d'échapper à cet impôt, si bien que – quand approchait l'échéance de la période de quatre ans où il fallait que le terme soit versé – on pouvait être témoin de pleurs et de lamentations dans toute ville et, le terme une fois échu, des coups de fouet et des tortures infligées aux membres de ceux qui ne pouvaient supporter le poids d'une amende à cause de leur extrême indigence. Désormais les mères vendirent leurs enfants et les pères installèrent leurs filles à la maison de prostitution, pressés qu'ils étaient d'accumuler, grâce au travail de celles-ci, de l'argent pour ceux qui collectaient le chrysargyre.

Comme il voulait aussi trouver quelque mesure affligeante à l'égard de ceux qui avaient une situation brillante, tous ceux qu'il appelait à revêtir la dignité prétorienne, il leur demandait aussi un poids considérable d'argent sous prétexte de cet honneur. On pouvait donc, lorsque ceux qui étaient chargés de l'exécution de cette mesure s'installaient dans les villes, voir chacun

3. C'est le chrysargyre, qui ne devait être supprimé que sous Anastase, en 498.

s'enfuir et partir au loin de chez lui dans la crainte d'obtenir cette dignité au prix de sa fortune.

Il recensa par ailleurs les biens des clarissimes[4], leur imposant un impôt auquel il donna lui-même le nom de *follis* ; il épuisa aussi les villes par ces contributions, cette exigence s'étant maintenue, même après Constantin, pour une longue période et la richesse des villes s'étant peu à peu dissipée, celles-ci se vidèrent pour la plupart de leurs habitants.

Zosime, *Histoire nouvelle*, II, XXXVIII.

4. Titre honorifique réservé aux membres de l'ordre sénatorial.

LA POLITIQUE RELIGIEUSE

Une déclaration de tolérance générale

Après sa victoire sur Licinius, en 324, Constantin adresse une lettre aux provinciaux d'Orient qui définit à nouveau sa politique religieuse : il s'y déclare ouvertement chrétien, mais accorde aux païens toute liberté de culte et de conscience. La lettre se présente en partie sous la forme d'une prière.

C'est toi maintenant que j'invoque, Dieu suprême : sois favorable et bienveillant envers tes Orientaux et tous tes provinciaux, qui ont été brisés par une longue épreuve, en leur procurant la guérison par moi ton serviteur. Ce que je demande n'est pas déraisonnable, maître de l'univers, Dieu saint, car sous ta direction j'ai entrepris des actions salutaires et je les ai menées à bien : en mettant partout en avant ton sceau, j'ai conduit une armée victorieuse. Et si le bien public l'exige, j'avance contre les ennemis en suivant les mêmes mots d'ordre de ta vertu. À cause de cela, je t'ai consacré mon âme, purement mêlée d'amour et de crainte, car j'aime véritablement ton nom et je révère ta puissance, que tu as montrée par plusieurs signes, en rendant plus solide ma foi. Je me hâte donc et je prends moi-même sur mes épaules de renouveler ta très sainte maison, que ces hommes infâmes et très impies ont souillée par l'absurdité de leurs destructions.

Je désire que ton peuple vive en paix et reste dans la tranquillité, pour le bien commun de l'univers et de tous les hommes. Que ceux qui se trouvent dans l'erreur, se réjouissant de concert avec les croyants, profitent des biens de la paix et de la tranquillité. En effet, le calme qui règne dans la vie sociale en viendra à les corriger eux aussi et à les conduire sur la voie droite. Que personne ne fasse d'ennuis aux autres, que chacun ait ce que son âme désire et en fasse l'usage qu'il croit bon. Toutefois, il est nécessaire que celui qui nourrit de saines pensées sache que seuls vivront d'une manière sainte et pure ceux que toi-même appelles « à reposer sur tes saintes lois »[1]. Que ceux qui s'en excluent disposent, puisqu'ils le veulent, des sanctuaires du mensonge ; nous avons le temple le plus splendide, celui de ta vérité, que tu nous as donné par don de nature. Et nous émettons des vœux pour qu'eux aussi soient conduits à la félicité. Ce qui se pratique chez nous n'est en effet ni nouveau ni récent, mais nous croyons que, à partir du moment où a eu lieu l'immuable ordonnancement du monde, tu as prescrit de faire cela avec le culte qui te convient, mais le genre humain s'est trompé, égaré par toutes sortes d'erreurs. Mais toi, en montrant par ton Fils une lumière pure, pour que le mal ne l'accable pas davantage, tu les as tous fait se ressouvenir de toi.

Eusèbe de Césarée, *Vie de Constantin*, II, LV-LVII.

La politique envers le paganisme

Plusieurs mesures témoignent de la réserve de Constantin envers la religion traditionnelle, le paganisme, dont certaines pratiques sont abandonnées ou interdites.

1. *Épître aux Romains*, 2, 17.

Au cours du troisième consulat de Constantin et Licinius[2], s'acheva la période de cent dix ans au terme de laquelle il eût convenu, selon les traditions, de donner les jeux. Cet usage n'ayant pas été observé, il était fatal que l'État sombrât dans ces malheurs qui nous accablent encore actuellement.

Lorsque arriva la fête traditionnelle au cours de laquelle il fallait que l'armée monte au Capitole[3] et accomplisse les rites coutumiers, Constantin craignit les soldats et participa à la fête ; mais l'Égyptien lui ayant envoyé une apparition blâmant sans réserve cette montée au Capitole, il se tint éloigné de la sainte cérémonie et excita la haine du Sénat et du peuple.

Zosime, *Histoire nouvelle*, II, VII, 2 ; XXIX, 5.

Il interdit l'haruspicine[4] privée et la magie.

L'empereur Auguste à Maximus, préfet de Rome :

Qu'aucun haruspice ne franchisse le seuil d'autrui, même pour une autre cause, mais que soit écartée l'amitié aussi ancienne qu'on veut de ce genre d'homme. L'haruspice qui entre dans la maison d'un particulier est passible du bûcher, celui qui l'a appelé, par des invites ou des récompenses, sera déporté dans une île après confiscation de ses biens. Ceux qui désirent pratiquer leur superstition pourront exercer en public leurs rites propres. Nous estimons qu'un accusateur de ce crime n'est pas un délateur, mais qu'il mérite davantage sa

2. 313.

3. La date de ce refus est discutée : 312 (après la victoire sur Maxence), 315, ou plus probablement 326 (lors des *vicennalia*).

4. La divination par consultation des entrailles des victimes.

récompense. Affiché aux calendes de février, à Rome, après le consulat de Constantin Auguste pour la cinquième fois et de Licinius César (le 1er février 319).

L'empereur Constantin Auguste au peuple :

Nous interdisons que les haruspices, prêtres et autres qui ont coutume de pratiquer ce rite, entrent dans une maison privée ou franchissent le seuil d'autrui, même sous le prétexte de l'amitié ; un châtiment est prévu contre eux s'ils méprisaient cette loi. Mais vous qui estimez que cela vous est utile, rendez-vous aux autels publics, aux temples, et célébrez les rites auxquels vous êtes habitués : nous n'empêchons pas en effet de célébrer en plein jour les rites de cet ancien usage illicite. Fait aux ides de mai, sous le consulat de Constantin Auguste pour la cinquième fois et de Licinius (15 mai 319).

L'empereur Constantin Auguste à Bassus, préfet de Rome :

Il faut punir et venger à bon droit par des lois très sévères la science de ceux qui, par un recours aux pratiques magiques, ont agi contre la santé des hommes ou sont convaincus d'avoir poussé des personnes chastes à la débauche. En revanche, il faut exclure de toute accusation criminelle les remèdes recherchés pour le corps humain et, dans les campagnes, les souhaits innocemment utilisés pour que les vendanges mûres n'aient pas à redouter la pluie ou ne soient pas frappées par des averses de grêle, car ainsi on ne lèse la santé ou la réputation de personne, mais ces pratiques sont utiles pour que ne soient pas détruits les présents de Dieu et les efforts des hommes. Fait le 10 des calendes de juin à Aquilée, sous le consulat du César Crispus (23 mai 318).

Code Théodosien, IX, 16, 1, 2, 3.

Les biens des temples sont confisqués, quelques-uns détruits.

Nous étions encore enfant lorsque celui qui avait couvert Rome d'outrages[5] fut vaincu par celui qui avait conduit contre lui une armée de Gaulois[6] – ces Gaulois qui combattirent les dieux après les avoir adorés jadis – ; et lorsque le vainqueur, après avoir aussi triomphé par la suite du prince qui avait fait fleurir les villes[7], et après avoir jugé qu'il était avantageux pour lui de reconnaître un autre Dieu, se servit des richesses des temples pour bâtir la ville à laquelle il consacra son zèle, mais ne changea absolument rien au culte légal : la pauvreté régnait, il est vrai, dans les temples, mais on pouvait y voir accomplir toutes les cérémonies du culte.

Libanios, *Discours*, XXX, 9 (*Sur les temples*).

Socrate résume les données d'Eusèbe sur cette question.

L'empereur Constantin, qui était bien disposé envers le christianisme, agissait en tout comme un chrétien, en faisant reconstruire les églises et en les honorant par des offrandes de grand prix, et encore en faisant fermer et détruire les temples des Grecs ainsi qu'en confisquant les statues qui s'y trouvaient.

5. Maxence.
6. Constantin.
7. Licinius.

Il ordonna aussi qu'une autre église fût bâtie à Héliopolis de Phénicie pour la raison suivante. Les Héliopolitains eurent à l'origine un législateur, je ne peux dire lequel, mais ce qu'étaient ses mœurs, les mœurs de la cité le manifestent : une loi du pays ordonne en effet que chez eux les femmes soient communes, et c'est pourquoi les enfants mis au monde chez eux étaient sans origine certaine (car il n'y avait aucun moyen de déterminer parents et enfants) ; ils fournissaient également des vierges pour la prostitution aux étrangers de passage. Cet usage, qui prévalait chez eux depuis très longtemps, il s'efforça de le faire disparaître : par une loi auguste, il abolit cette très honteuse coutume et fit en sorte que les familles puissent se reconnaître. Ayant bâti des églises et fait en sorte que soient ordonnés un évêque et un clergé sacré, il rendit ainsi plus honnêtes les mauvaises mœurs des Héliopolitains. D'une manière identique, en détruisant à Aphaka du Liban le sanctuaire d'Aphrodite, il fit cesser les infamies qui s'y commettaient librement. Pourquoi dire encore comment, en Cilicie, il chassa le démon Pythonicos, en ayant donné l'ordre que la maison dans laquelle il se cachait soit renversée de fond en comble ?

Socrate, *Histoire ecclésiastique*, I, III, 1 ; XVIII, 7-11.

Le rescrit d'Hispellum autorise la construction d'un temple en l'honneur de la famille de Constantin, mais interdit qu'on y pratique des sacrifices (333-335).

Exemplaire du rescrit sacré. L'empereur César Flavius Constantin, le plus grand, le Sarmatique, le Germanique, le Gothique, vainqueur, triomphateur,

Auguste, Flavius Constantin, Flavius Julius Constance et Flavius Constant :

Tout ce qui protège la société du genre humain, nous l'embrassons par la pensée de nos préoccupations vigilantes, mais l'objet principal de notre prévoyance est d'agir en sorte que toutes les villes que leur éclat et leur beauté distinguent aux regards de toutes les provinces et de toutes les régions, non seulement conservent leur ancienne dignité, mais encore soient promues à une situation meilleure par l'effet de notre bienveillance. Vous affirmiez donc être unis à la Tuscie de telle façon que, en vertu d'une antique tradition, sont chaque année élus par vous et les Tusciens des prêtres qui donnent à Volsinies, cité de Tuscie, des jeux scéniques et des combats de gladiateurs ; mais, à cause du terrain montagneux et de la difficulté des chemins forestiers, vous demandiez instamment, comme remède à cet état de choses, qu'il soit accordé à votre prêtre de n'être plus obligé de se rendre à Volsinies pour célébrer les jeux, c'est-à-dire que nous donnions à la cité qui porte à présent le nom d'Hispellum et qui, ainsi que vous le rappelez, est voisine et toute proche de la voie Flaminienne, une dénomination tirée de notre nom, que se dresse dans cette cité un temple de la famille Flavienne, construit magnifiquement comme il sied à la grandeur de cette appellation, et que le prêtre que l'Ombrie donnerait annuellement présente en ce lieu même un spectacle comprenant à la fois des jeux scéniques et des combats de gladiateurs, cependant que la coutume subsisterait en Tuscie, pour le prêtre élu de là-bas, de célébrer selon l'habitude à Volsinies les spectacles mentionnés ci-dessus.

Nous avons aisément accordé notre consentement à votre requête et à votre désir. Nous avons concédé en effet à la cité d'Hispellum une dénomination éternelle et un nom vénérable tiré de notre appellation, de sorte qu'à l'avenir la dite ville s'appellera Flavia Constans. Nous voulons qu'en son sein soit menée à bonne fin, et magnifiquement, la construction d'un temple à la famille Flavienne, c'est-à-dire la nôtre, comme vous le désirez, mais à la condition expresse que le temple dédié à notre nom ne soit souillé par le crime d'aucune superstition contagieuse. En conséquence, nous vous avons donné aussi l'autorisation d'organiser des jeux dans la dite cité, de telle façon précisément que, comme il a été dit, périodiquement des spectacles solennels aient lieu également à Volsinies, où les cérémonies doivent être célébrées par les prêtres élus en Tuscie.

Il apparaîtra certes ainsi qu'on n'a pas porté une énorme atteinte aux anciennes institutions, et vous qui vous êtes présentés à nous en suppliants, vous vous réjouirez d'avoir obtenu ce que vous avez demandé si instamment.

Corpus Inscriptionum Latinarum, XI, 5265.

La politique envers le judaïsme

La lettre adressée par l'empereur aux Églises après le concile de Nicée contient des phrases injurieuses contre les juifs. Les lois de Constantin accordent cependant au clergé juif les mêmes immunités qu'au chrétien, mais elles établissent de strictes séparations entre chrétiens et juifs, soit pour protéger les convertis, soit pour éviter la cohabitation.

En premier il a paru indigne de célébrer cette très sainte fête de Pâques en suivant la coutume des juifs, eux qui, parce qu'ils ont souillé leurs mains par un crime impie, ont forcément leurs âmes aveuglées par cette souillure. Parce que leur nation a été rejetée, il est possible que l'accomplissement de cette observance se fasse dans les siècles à venir selon un ordre plus exact, que nous avons gardé depuis le premier jour de la Passion jusqu'à présent. Qu'il n'y ait donc rien de commun pour vous avec la tourbe odieuse des juifs. Nous avons reçu du Sauveur une autre voie.

Lettre de Constantin aux Églises,
citée par Socrate, *Histoire ecclésiastique*, I, IX, 35-36.

Le même Auguste à Ablabius, préfet du prétoire.

Ceux qui, par une totale dévotion, se sont consacrés aux synagogues des juifs, aux patriarches ou aux anciens et qui, vivant dans la dite secte, président eux-mêmes à la loi, continueront à être exempts de toutes les charges tant personnelles que civiles. Pour cela, s'il arrivait qu'il y en ait qui soient déjà décurions[8], qu'ils ne soient en aucun cas désignés pour des escortes ; il faut en effet que cette sorte de gens ne soit pas forcée de s'éloigner des lieux où elle réside pour quelque motif que ce soit. Quant à ceux qui ne sont en rien décurions, qu'ils jouissent de l'immunité perpétuelle du décurionat. Donné le 3 des calendes de décembre à Constantinople sous le consulat de Gallicanus et de Symmachus (29 novembre 330).

8. Membres de la curie municipale.

L'empereur Constantin Auguste aux prêtres, aux archisynagogues, aux pères des synagogues et à tous les desservants de ce même lieu.

Nous ordonnons que les prêtres, les archisynagogues, les pères des synagogues et tous les autres desservants des synagogues soient libres de toute charge corporelle. Donné aux calendes de décembre à Constantinople sous le consulat de Bassus et Ablavius (1er décembre 331).

Code Théodosien, XVI, VIII, 2, 4.

L'empereur Constantin Auguste à Évagrius.

Nous voulons qu'il soit intimé aux juifs, à leurs anciens et à leurs patriarches que, si après cette loi l'un d'eux avait attaqué à coups de pierres ou de quelque autre manière cruelle un homme qui avait fui leur secte funeste pour se tourner vers le culte de Dieu – ce qui, avons-nous appris, a été commis récemment –, il devra être aussitôt livré aux flammes et brûlé vif avec tous ceux qui ont participé à son crime. D'autre part, si quelqu'un du peuple se joint à leur secte impie et participe à leurs groupements séditieux, il supportera, avec eux, les châtiments mérités. Donné le 15 des calendes de novembre à Murgillum, sous le 4e consulat des Augustes Constantin et Licinius (18 octobre 315 = 329 ou 339 ?).

Le même Auguste à Félix, préfet du prétoire.

Celui qui, de juif, s'est fait chrétien, il n'est pas permis aux juifs de l'inquiéter ou de le tourmenter par quelque vexation. Selon la gravité de la faute, l'outrage devra être puni. Donné le 11 des calendes de novembre à Constantinople, affiché le 8 des ides de mai sous le consulat de Nepotianus et Facundus (22 octobre [335] ; 8 mai 336 = 9 mars 336).

Code Théodosien, XVI, VIII, 1, 5.

L'empereur Constantin à Félix, préfet du prétoire.

Si un juif, après avoir acheté un esclave chrétien ou de quelque autre secte, le circoncit, il ne pourra en aucun cas retenir en servitude la personne circoncise ; mais au contraire, celui qui aura subi ce traitement jouira des privilèges de la liberté. Donné le 12 des calendes de novembre à Constantinople, affiché le 8 des ides de mai à Carthage sous le consulat de Nepotianus et Facundus (21 octobre 335 ; 8 mai 336 = 9 mars 336).

Code Théodosien, XVI, IX, 1.

L'EMPEREUR CHRÉTIEN

La politique de tolérance décidée à Milan s'était accompagnée aussitôt de la part de Constantin, avant même 324, de mesures de faveur envers les chrétiens. En lui dédiant son grand ouvrage apologétique, les Institutions divines, *Lactance donne un témoignage éloquent de la réaction des chrétiens devant l'accession de Constantin au pouvoir et les mesures qu'il prend alors.*

Cette œuvre, nous l'entreprenons maintenant sous les auspices de ton nom, Constantin, Empereur Très Grand, toi qui, le premier des princes romains, ayant rejeté les erreurs, as reconnu et honoré la majesté du Dieu unique et vrai. Car lorsque a brillé sur le monde ce jour très heureux où le Dieu suprême t'a élevé au faîte bienheureux de l'Empire, tu as commencé sous d'éclatants auspices un règne salutaire pour tout le monde et qui comble nos vœux, en ramenant la justice bafouée et rejetée, réparant ainsi le crime si noir des autres princes. En récompense, Dieu te donnera bonheur, puissance et longue vie, afin que, grâce à cette même justice que tu as pratiquée dès ta jeunesse, tu tiennes encore dans la vieillesse le gouvernail de l'État, et que tu transmettes à tes enfants, comme tu l'as reçue toi-même de ton père, la charge de veiller sur le nom romain. En effet, des méchants qui exercent encore aujourd'hui leur cruauté envers les justes dans d'autres parties du monde[1], ce même Tout-Puissant

1. En fonction de la date de cette dédicace, Lactance doit viser ou Maximin Daïa ou Licinius. L'authenticité lactancienne de ce texte fait l'objet de discussions.

exigera qu'ils paient leurs crimes, et cela avec d'autant plus de rigueur que ce sera plus tard : car, de même qu'il est un père plein d'indulgence envers ceux qui sont pieux, il est, à l'encontre des impies, le plus sévère des juges. Puisque je me propose de défendre sa religion et son culte divin, à qui ferai-je appel, qui invoquerai-je, si ce n'est celui par qui la justice et la sagesse ont été rendues à l'humanité ?

Lactance, *Institutions divines*, I, 13-16.

Sans doute en 325, Constantin compose un Discours à l'assemblée des saints *qui est un exposé et une louange du christianisme (il faut souligner qu'il n'est pourtant pas encore baptisé). Ce discours dénote l'influence de Lactance, qui avait été l'éducateur du jeune Crispus. Ainsi dans ce passage où, comme Lactance dans* La Mort des persécuteurs, *il s'en prend à ceux qui ont persécuté les chrétiens.*

Dioclétien lui-même, après les massacres de la persécution, s'étant lui-même condamné et ayant renoncé de lui-même au pouvoir à cause de son incompétence, ayant aussi confessé les dommages causés par sa folie, fut châtié par son confinement dans une demeure méprisable. Qu'a-t-il gagné à engager la guerre contre notre Dieu ? À mon avis, de passer le reste de sa vie en craignant un coup de foudre. Nicomédie parle, et ceux qui l'ont vue, dont je suis, ne sont pas silencieux, car je l'ai vu, lorsque, l'esprit diminué, redoutant de voir ou d'entendre quiconque, il criait qu'il avait été la cause des maux qui l'entouraient, tout en appelant en sa faveur le divin secours des justes. Le palais a été dévasté et sa demeure, un orage étant survenu, a été détruite par le feu du ciel, et cet événement avait été prédit par ceux qui ont quelque intelligence. Ils ne se taisaient pas, ils ne cachaient pas leurs gémissements devant ses actions indignes, mais, pleins d'audace, ouvertement et en public, ils se disaient entre eux : « Quelle est cette folie ? Quelle est cette insolence du pouvoir, pour des hommes, d'oser combattre contre Dieu et de vouloir insulter la religion la plus juste, d'organiser la mort d'une telle foule, et d'hommes justes, sans qu'aucune cause le justifie ? »

Constantin, *Discours à l'assemblée des saints*, 25.

Lois en faveur de l'Église et des clercs

Constantin édicte des lois en faveur de l'Église (à qui il accorde le droit de recevoir des héritages) et des clercs.

L'empereur Constantin Auguste à Octavianus, correcteur de Lucanie et Bruttium. Que ceux qui consacrent les ministères de la religion au culte divin (c'est-à-dire qui sont appelés clercs) soient dispensés d'absolument toutes les charges, afin que la malignité sacrilège de quelques-uns ne les détourne pas du service divin. Donné le 12 des calendes de novembre sous le consulat de Constantin Auguste pour la cinquième fois et de Licinius César (21 octobre 319 = 21 octobre 313).

Le même Auguste à Valentinus, consulaire de Numidie.

Que les lecteurs des divines Écritures, les sous-diacres et tous les autres clercs qui ont été appelés à la curie par l'injustice des hérétiques en soient délivrés ; que désormais, à la ressemblance de l'Orient, ils ne soient en aucune manière appelés aux curies, mais qu'ils jouissent de l'immunité pleine et entière. Donné aux nones de février à Sardique sous le consulat de Gallicanus et Symmachus (5 février 330).

Code Théodosien, XVI, II, 2 et 7.

Le même Auguste au peuple.

Que chacun puisse en mourant laisser ce qu'il voudra de ses biens à la très sainte et vénérable assemblée de l'Église catholique. Que leurs volontés ne soient pas vaines. Il n'est rien que l'on ne doive plus aux hommes, après qu'ils ne peuvent plus vouloir autre chose, que de disposer librement du stylet de leurs dernières volontés et de leur liberté de décision, dans la mesure où cela ne leur est pas donné une deuxième fois. Affiché à Rome aux nones de juillet sous le deuxième consulat des Césars Crispus et Constantin (3 juillet 321).

Code Théodosien, XVI, II, 4.

L'empereur Constantin Auguste.

Le juge devra observer pour sa gouverne que, si on recourt au jugement de l'évêque, le silence s'applique, et que, si quelqu'un veut transférer son affaire à la loi chrétienne et observer ce jugement, on l'entende, même si l'affaire a commencé auprès du juge, et que l'on tienne pour inviolable ce qui aura été jugé par les évêques ; de cette manière cependant, pour qu'il n'y ait pas d'injustice, qu'une des deux parties recoure au tribunal susdit et exprime son choix. Le juge de la présente cause doit prendre une décision correcte, pour qu'il la prononce avec l'acceptation de toutes les parties. Donné le 9 des calendes de juillet à

Constantinople, sous le consulat de… et de Crispus (23 juin).

Code Théodosien, I, XXVII, 1.

Lois marquées par le christianisme

Le jour du Soleil est décrété jour du Seigneur et férié.

Il décidait que le jour véritablement seigneurial et réellement le premier, le jour du Seigneur et Sauveur, serait considéré comme un jour approprié pour la prière. Les diacres et serviteurs consacrés à Dieu, les hommes qui se distinguaient par la pureté de leur vie et toute vertu, étaient chargés de tout le palais ; les prétoriens et gardes du corps croyants, armés par la pratique d'une loyauté de croyants, adoptaient l'empereur comme celui qui leur enseignait la piété, en n'honorant pas moins, eux aussi, le jour du Sauveur et Seigneur et en accomplissant ce jour-là les prières chères à l'empereur. Le bienheureux empereur pressait tous les hommes de faire de même, comme si, en faisant cette prière, il poussait doucement tous les hommes à la piété.

C'est pourquoi il décidait par une loi que pour tous ceux qui vivaient dans l'Empire romain, les jours dits du Sauveur seraient fériés, et de même, qu'ils honoreraient le jour du sabbat, en mémoire, à mon avis, des événements accomplis ces jours-là par notre commun Sauveur. Le jour du Sauveur, qui porte aussi le nom de jour de la Lumière et du Soleil, il enseigna à ses soldats à l'honorer avec zèle.

À ceux qui participaient à la foi divine, il donnait loisir de fréquenter assidûment l'église de Dieu, pour y accomplir leurs prières sans que personne y mette obstacle. À ceux qui ne participaient pas encore à la Parole divine, il prescrivait dans une deuxième loi de se rendre le jour du Seigneur dans les faubourgs, en rase campagne, et là, tous ensemble, à un signal donné, de faire monter vers Dieu une prière apprise par cœur. Ils n'auraient pas besoin alors d'attacher leurs espérances à des lances, ni à des armures, ni à la vigueur de leurs corps, mais de reconnaître que c'est le Dieu qui est au-dessus de tout, celui qui donne tout bien et la victoire elle-même. C'est à lui qu'il convenait d'adresser les prières prescrites, en tenant les mains levées vers le ciel, en dirigeant les yeux de l'esprit plus haut encore, jusqu'au roi du ciel, en invoquant celui-ci comme celui qui donne la victoire, le sauveur qui les protège et les assiste. Il enseignait lui-même cette prière à tous les soldats, en leur ordonnant à tous de la réciter en latin de la manière suivante :

« C'est toi que nous reconnaissons comme le Dieu unique, toi que nous agréons comme roi, toi que nous invoquons comme défenseur, c'est par toi que nous avons remporté des victoires, c'est grâce à toi que nous avons arrêté les plus forts de nos ennemis. Nous rendons grâces pour ces biens et en espérons d'autres à l'avenir. Nous sommes tous tes suppliants, t'implorant de garder sains et saufs et victorieux, le plus longtemps possible, notre empereur Constantin et ses fils aimés de Dieu. »

Il décidait par une loi que les corps de troupe feraient cela le jour de la Lumière et leur apprenait à adresser en prière à Dieu de telles paroles.

Eusèbe de Césarée, *Vie de Constantin*, IV, XVIII-XIX.

Que tous les juges et les plèbes urbaines, que les bureaux de toutes sortes se reposent le jour vénérable du Soleil. À la campagne cependant, ceux qui s'adonnent à la culture des champs peuvent travailler librement et à leur gré : car il advient fréquemment que le blé ne soit pas confié au sillon ni la vigne mise en terre de façon plus appropriée un autre jour et que ne soit pas durable le beau temps accordé un moment par la providence céleste. Fait le 5 des nones de juillet sous le second consulat des Césars Crispus et Constantin (3 juillet 321).

Code Justinien, III, 12, 2.

S'il paraît très indigne de s'occuper, le jour du Soleil, consacré à la vénération, des échanges de plaidoiries et des disputes criminelles des parties, il est agréable et bienvenu d'accomplir en ce jour ce qui est extrêmement désiré. Aussi, que tous aient, ce jour de fête, licence d'émanciper et d'affranchir ; dans ce domaine, les actes ne sont pas interdits. Affiché le 5 des nones de juillet à Cagliari sous le second consulat des Césars Crispus et Constantin (3 juillet 321).

Code Théodosien, II, 8, 1.

D'autres mesures sont marquées par le christianisme.

L'empereur Constantin Auguste à Maximus, préfet du prétoire.

Les spectacles sanglants, les jours de loisir des citoyens et de repos domestique, ne conviennent pas. C'est pourquoi nous interdisons absolument que deviennent gladiateurs ceux qui, peut-être par suite de délits, ont mérité cette condition et cette sentence, selon la coutume ; tu les feras plutôt servir dans les mines, pour que sans verser de sang ils reçoivent des peines pour leurs crimes. Annoncé à Beyrouth aux calendes d'octobre, sous le consulat de Paulin et Julien (1er octobre 325)[2].

Code Théodosien, XV, XII, 1.

L'empereur Constantin Auguste à l'évêque Hosius.

Ceux qui, d'un cœur religieux, ont accordé une liberté méritée à leurs esclaves à l'intérieur d'une église, soient considérés comme s'ils l'avaient donnée avec le même effet juridique que lorsque la citoyenneté romaine a coutume d'être donnée dans des cérémonies solennelles ; mais il a semblé bon d'admettre cela seulement pour ceux qui l'auraient donnée sous le regard des prêtres. Cependant, nous permettons largement aux clercs que, lorsqu'ils accordent la liberté à leurs esclaves, il soit considéré qu'ils ont concédé le plein fruit de la liberté, non seulement lorsqu'ils l'ont fait à la vue de l'église et du peuple religieux, mais encore quand ils ont donné la liberté par des paroles quelconques, de sorte que, du jour où leur volonté est publiée, la liberté s'obtienne complètement, sans témoin ou interprète du droit. Donné le 14 des calendes de mai, sous le second consulat de Crispus et Constantin (18 avril 321).

Code Théodosien, IV, VII, 1.

Le même à Eumelius.

Si quelqu'un a été condamné aux jeux ou aux mines en raison de la gravité des crimes qu'il a commis, que l'on ne le marque pas du tout au visage, alors que la

2. Constantin n'interdit pas absolument les combats de gladiateurs, mais qu'on condamne à la gladiature.

peine de sa condamnation peut être assurée par une seule marque sur les mains et sur les mollets, pour que le visage, qui est fait à la ressemblance de la beauté céleste, ne soit pas du tout souillé. Donné le 12 des calendes d'avril, sous le quatrième consulat de Constantin et Licinius (21 mars 315 ou 316).

Code Théodosien, IX, XL, 2.

Il se montra si pieux qu'il fut le premier à supprimer l'ancien et affreux supplice de la croix et de la rupture des jambes.

Aurélius Victor, *Livre des Césars*, XLI, 4.

À quel point la force de sa foi divinement inspirée était fixée dans son âme, on peut l'apprendre en observant que, sur ses monnaies d'or, lui-même ordonnait que sa propre image soit représentée de manière qu'il paraisse regarder le ciel, à la manière de celui qui prie Dieu.

Les monnaies de ce type circulaient à travers tout l'Empire romain. Dans les édifices impériaux de chaque cité, sur les images placées près des entrées, il était représenté debout, regardant le ciel, les mains tendues vers Dieu, dans une attitude de prière. C'est ainsi que lui-même se faisait représenter dans les peintures, en prière. Il interdisait que ses images soient placées dans les temples des idoles, pour qu'elles ne soient pas souillées par l'erreur de pratiques interdites.

Eusèbe de Césarée, *Vie de Constantin*, IV, XVI.

Socrate de Constantinople est le seul à mentionner le déplacement de la coudée qui mesurait l'inondation du Nil, que Julien fit plus tard replacer au Sérapeum.

Après cela, l'empereur, qui avait encore plus à cœur les affaires des chrétiens, se détourna de toutes les pratiques religieuses des païens : il fait cesser les combats de gladiateurs, il interdit que ses propres images soient placées dans les temples païens. Comme les païens disaient que c'était Sérapis qui faisait déborder le Nil pour irriguer l'Égypte, puisqu'on apportait la coudée dans le temple de Sérapis, lui-même ordonna de transférer la coudée dans l'église des Alexandrins. Et alors qu'ils prédisaient que le Nil ne déborderait pas à cause de la colère de Sérapis, la crue du fleuve eut lieu l'année suivante, et encore par la suite, et elle a toujours lieu : elle montre dans les faits que ce n'est pas grâce à une pratique religieuse, mais en raison des décrets de la providence que se produit la crue du Nil.

Socrate, *Histoire ecclésiastique*, I, XVIII, 1-3.

La crise donatiste

Dès son arrivée à Rome, Constantin est affronté à un schisme qui divise l'Église d'Afrique : l'évêque de Carthage Cécilianus y est contesté par une partie de l'épiscopat. Or, la politique religieuse de l'empereur veut la coexistence pacifique, non seulement entre païens et chrétiens, mais entre chrétiens eux-mêmes. Il convoque donc un concile qui doit traiter de cette affaire et obtenir l'unité ; ce concile a lieu en 313.

Copie de la lettre de l'empereur par laquelle il ordonne de tenir à Rome un synode d'évêques pour l'union et la concorde des Églises.

Constantin Auguste, à Miltiade, évêque des Romains et à Marc. De nombreux et importants écrits m'ont été envoyés par Anulinus, le clarissime proconsul d'Afrique, dans lesquels il est rapporté que Cécilianus, l'évêque de la cité de Carthage, est blâmé en beaucoup de points par quelques-uns de ses collègues qui siègent en Afrique : il me semble très pénible que dans ces provinces que la Providence a librement remises à Ma Dévotion et dans lesquelles se trouve une nombreuse foule de peuple, règne de l'agitation pour une question des plus minimes, de sorte qu'il y existe des dissensions et des différends entre évêques. Il m'a donc semblé bon que Cécilianus lui-même s'embarque pour Rome, accompagné de dix évêques de ceux qui semblent le blâmer et de dix autres que lui-même estimerait nécessaires à sa propre cause, afin que là, en votre présence, et en présence aussi de Réticius, de Maternus et de Marinus, vos collègues, à qui, à cette fin, j'ai ordonné de venir en hâte à Rome, il puisse être entendu, pour que vous sachiez vous accorder à la très auguste loi. D'ailleurs, afin que vous puissiez avoir une entière connaissance de cette affaire, j'ai joint à ma lettre les copies des documents qui m'ont été envoyés par Anulinus, et je les ai envoyées aussi à vos collègues. Après les avoir lues, Votre Fermeté jugera de quelle manière il faut examiner en détail cette cause et en finir selon la justice. Il n'échappe pas à Votre Sollicitude que, présentement, je porte un tel respect à la légitime Église catholique que je ne veux pas que vous tolériez en quelque manière aucun schisme ou division en quelque lieu que ce soit. Que la divinité du grand Dieu vous garde de nombreuses années, très vénérable.

Eusèbe de Césarée, *Histoire ecclésiastique*, X, v, 18-20.

Le concile réuni à Rome ne rétablit pas l'union. Les adversaires de Cécilianus, ceux qu'on appellera plus tard les donatistes, ayant refusé le jugement qu'il avait porté contre eux, Constantin convoque un autre concile à Arles ; il aura lieu en juillet 314.

Copie de la lettre de l'empereur par laquelle il ordonne de tenir un second synode, pour enlever toute division entre évêques.

Constantin Auguste à Chrestus, évêque des Syracusains. Déjà antérieurement, lorsque d'une façon méchante et perverse, quelques-uns commencèrent à se diviser au sujet de la religion de la sainte et céleste puissance et du parti catholique, voulant couper court à de telles querelles de leur part, j'avais décidé de faire venir de Gaule quelques évêques et d'appeler d'Afrique ceux qui, dans chacun des partis opposés, combattaient les uns contre les autres d'une manière obstinée et persévérante, afin qu'en présence de l'évêque de Rome, la question qui paraissait être l'objet de disputes puisse, grâce à leur présence, recevoir une solution équitable à la suite d'un examen complet et soigneux de l'affaire. [...]

Nous avons donc ordonné à un grand nombre d'évêques, venus de lieux différents et très nombreux, de s'assembler dans la cité d'Arles, aux calendes d'août, et nous avons jugé bon de t'écrire de prendre, chez le clarissime Latronianus, correcteur de Sicile, la poste publique, après t'être adjoint deux hommes du second rang que tu auras jugé bon de choisir, et avoir pris encore trois serviteurs qui puissent vous servir en chemin, afin que tu te trouves en Arles le jour indiqué. De cette manière, par le moyen de Ta Fermeté et par celui de la conscience unanime et commune des autres évêques assemblés, cette querelle qui s'est prolongée jusqu'à présent d'une manière misérable, à cause de rivalités honteuses, quand ce qui doit être dit aura été entendu par des hommes maintenant séparés les uns des autres et à qui nous avons ordonné d'être présents, pourra, si tardivement que ce soit, céder la place à l'état convenable de la religion, de la foi et de l'unanimité fraternelle.

Que le Dieu tout-puissant te garde en santé pour de nombreuses années.

Cité par Eusèbe de Césarée, *Histoire ecclésiastique*, X, v, 21-24.

Les décisions du concile d'Arles sont également refusées par les donatistes ; aussi Constantin déclare-t-il son intention de juger lui-même de l'affaire, ce qu'il fait en 316 ; le refus des donatistes d'accepter son jugement provoque l'envoi de l'armée en Afrique et une sévère répression. Devant leur résistance, le 8 mai 321, avant de partir en Orient, Constantin promulgue un édit de tolérance en faveur des donatistes.

Sa dernière intervention est une lettre aux évêques numides, le 5 février 330 : il leur fait un don pour compenser la prise par les donatistes d'une basilique de l'Église catholique.

Ayant reçu la lettre de Votre Sagesse et Votre Gravité, j'ai appris que dans leur méchanceté habituelle les hérétiques ou schismatiques ont cru devoir s'emparer de la basilique de l'Église catholique dont j'avais ordonné la construction dans la cité de Constantine, qu'ils ont souvent été exhortés tant par vous que par nos juges sur notre ordre et qu'ils ont refusé de rendre ce qui n'était pas à eux ! Vous cependant, imitant la patience du Dieu très haut, vous abandonnez à leur méchanceté, par esprit de paix, ce qui est à vous, et en compensation vous demandez plutôt pour vous un autre lieu, à savoir un lieu appartenant au fisc. Cette requête, conformément à ma manière de faire habituelle, je l'ai accueillie avec faveur et j'ai adressé au *rationalis*[3] une lettre appropriée pour qu'il fasse transférer au domaine de l'Église catholique une maison de nos biens avec tous ses droits ; j'ai donné celle-ci avec une libéralité toute prête et immédiatement prescrit qu'on vous la remette. J'ai toutefois commandé qu'on édifie dans ce lieu une basilique aux frais du fisc et demandé qu'on écrive aussi au consulaire de Numidie d'aider personnellement Votre Sainteté en tout pour la construction de cette église. [...]

Donné aux nones de février à Sardique.

Constantin, *Lettres aux évêques numides*,
citée par Optat de Milev.

La crise arienne

En arrivant en Orient, Constantin trouve les chrétiens divisés par une querelle doctrinale provoquée par l'enseignement d'Arius, un prêtre d'Alexandrie, auquel s'oppose son évêque Alexandre. Parce qu'il tient à sauvegarder l'affirmation d'un Dieu unique, Arius accorde pleine divinité au Père mais refuse celle-ci au Fils – c'est-à-dire au Christ –, considérant que celui-ci ne possède qu'une divinité de second rang.

Constantin, peu conscient de l'enjeu doctrinal et soucieux avant tout de voir régner l'unité dans l'Église, tente d'abord d'apaiser la querelle en envoyant une lettre aux deux protagonistes.

3. Agent comptable, receveur.

Constantin, Vainqueur, Très Grand Auguste, à Alexandre et Arius.

J'apprends que le motif d'où est issu le présent débat est le suivant : alors que toi, Alexandre, tu demandais aux prêtres ce que chacun d'eux pouvait bien penser d'un passage des écrits de la Loi, ou plutôt d'une partie d'une vaine recherche [...], toi, Arius, tu as inopinément rétorqué ce qu'il aurait convenu dès le début de ne pas penser, ou bien, si on l'a pensé, de livrer au silence. À partir de là, parce qu'une divergence d'opinion s'est élevée entre vous, l'union a été rejetée et le peuple très saint, divisé en deux partis, s'est éloigné de l'harmonie d'un corps commun. Eh bien donc, en faisant preuve l'un et l'autre de dispositions identiques, recevez ce que votre compagnon de service vous conseille avec justice. Quel est ce conseil ? Il aurait convenu déjà de ne pas poser la question sur de tels sujets, ni de répondre une fois la question posée. Car de telles recherches, que ne prescrit la nécessité d'aucune loi, mais que suscite le vain bavardage d'une futile oisiveté, même si elles ont lieu en raison de l'exercice naturel de l'esprit, nous devons les enfermer à l'intérieur de notre pensée et ne pas les produire à la légère dans les réunions publiques ni les confier sans discernement aux oreilles de tous. Qui est tel en effet qu'il puisse comprendre exactement ou bien exposer dignement la signification de réalités aussi grandes et aussi difficiles ? [...] Examinons donc ce qui est dit avec une meilleure réflexion et réfléchissons-y avec une plus grande intelligence : est-il sensé que des frères s'opposent à des frères à cause de mesquines et vaines querelles de mots parmi vous et que le bien précieux de l'union soit brisé parmi nous, qui nous disputons pour de pareilles vétilles nullement nécessaires, par une divergence d'opinion impie ? C'est là chose vulgaire, et plus en accord avec l'irréflexion des enfants que convenant à l'intelligence d'hommes saints et sensés. Écartons-nous de plein gré des tentations diaboliques. Notre grand Dieu, le Sauveur commun de tous, étendait sa lumière à tous : avec l'aide de Sa Providence, permettez-moi, à moi le serviteur du Tout-Puissant, de mener jusqu'à son terme cette tâche, de sorte que je vous ramène, vous ses peuples, par ma parole, mon assistance et l'insistance de mon avertissement, à la communion de l'entente. Puisque, comme je l'ai dit, une parmi vous est la foi, une la compréhension de la doctrine qui est la nôtre, et que le commandement de la Loi joint étroitement le tout aux parties qui le composent, dans une disposition d'esprit unique, ce qui a suscité parmi vous la dispute, puisque cela ne concerne pas la signification de l'ensemble de la Loi, que cela ne provoque aucunement parmi vous séparation ni dispute [...].

Eusèbe de Césarée, *Vie de Constantin*, II, LXIX-LXXII.

La lettre impériale étant restée sans effet et le conflit s'étendant, Constantin convoque tous les évêques de l'Empire au concile de Nicée en mai 325, premier concile œcuménique (c'est-à-dire de tout l'univers). Trois cents évêques environ s'y rassemblent, la majorité provenant des provinces orientales, qui sont à cette époque les plus christianisées. L'empereur y assiste, fait un discours qui demande aux évêques de faire preuve d'unité et intervient dans la discussion.

De toutes les Églises qui emplissaient toute l'Europe, la Libye et l'Asie, s'étaient rassemblés les premiers des ministres de Dieu. Une maison de prière, comme élargie par Dieu, contenait en elle, en un même lieu, des Syriens en même temps que des Ciliciens, des Phéniciens, des Arabes et des Palestiniens, et en plus des Égyptiens, des Thébains, des Libyens et ceux qui viennent du milieu des fleuves. Même un évêque perse était présent au concile, et le Scythe ne faisait pas davantage défaut à ce chœur. Le Pont et l'Asie, la Phrygie et la Pamphylie fournissaient ceux qui chez eux étaient les plus distingués. Les Thraces et les Macédoniens, les Achaïens et les Épirotes étaient présents, et encore ceux qui habitaient très loin d'eux ; cet Espagnol très célèbre lui-même[4] était de ceux qui siégeaient avec ce grand nombre. Celui qui présidait à la ville impériale[5] était absent en raison de son grand âge, mais ses prêtres étaient présents et tenaient sa place. L'empereur Constantin, le seul qui, depuis l'origine du monde, avait noué une telle couronne pour le Christ par le lien de la paix, offrait à son Sauveur un témoignage d'action de grâces digne de Dieu pour sa victoire sur ennemis et adversaires, lui qui avait constitué en notre temps cette image du chœur apostolique.

Le jour fixé pour le concile, lors duquel il fallait trouver une solution sur les questions disputées, chacun était présent à cette fin dans la salle la plus centrale du palais impérial, celle qui paraissait l'emporter sur toutes par la grandeur. Un grand nombre de sièges avaient été installés de chaque côté de la salle, et ceux qui avaient été convoqués y étaient présents et occupaient tous les sièges qui leur avaient été assignés. Quand donc toute l'assemblée fut assise avec l'ordre qui convenait, on fit

4. L'évêque Hosius de Cordoue, conseiller de l'empereur.
5. Rome.

silence dans l'attente de l'arrivée de l'empereur. Un des compagnons de l'empereur entrait, puis un second, puis un troisième ; d'autres le précédaient, non quelques-uns des habituels soldats et gardes, mais seulement de ses amis croyants. Tous s'étant levés à un signal, l'empereur faisait son entrée, et il avançait comme un céleste ange de Dieu, resplendissant de rayons de lumière par l'éclat de son vêtement de pourpre et orné des brillants éclats de lumière de l'or et de perles précieuses. [...] Parvenu au premier rang des sièges, quand un petit siège d'or lui eut été apporté, il ne s'asseyait pas avant d'avoir salué les évêques. Tous alors faisaient de même après l'empereur. L'évêque qui était au premier rang du côté droit se levait alors et délivrait un discours rythmé, s'adressant à l'empereur et offrant un hymne de remerciement à Dieu. Lorsqu'il s'asseyait, le silence se faisait, tous ayant les yeux fixés sur l'empereur. Celui-ci, les ayant tous regardés sereinement avec des yeux brillants, rassemblait ensuite ses pensées et leur adressait d'une voix douce et aimable le discours suivant :

« Ce fut l'objet de ma prière, mes amis, de partager votre compagnie, et en obtenant cela, je reconnais que je dois cette grâce au Dieu de l'univers, car il m'a donné de voir cela, ce qui est préférable à toute bonne chose, je veux dire de vous voir tous rassemblés pour partager ensemble une opinion unanime. [...] Je me réjouis de voir votre assemblée, et je considère que c'est surtout si je vois vos âmes en communion et si une seule harmonie commune et pacifique prévaut parmi vous que le résultat sera selon mes prières. [...] »

Quand il eut dit ces paroles en latin, un interprète les traduisant, il donnait la parole aux leaders du concile. [...] Comme de très nombreuses propositions étaient faites par l'un et l'autre groupe et qu'une grande dispute s'était élevée d'emblée, l'empereur écoutait tout avec patience, et il recevait les propositions avec grande attention. Il s'occupait tour à tour de ce qui était dit par chacun des deux partis et rapprochait calmement ceux qui s'opposaient, en s'entretenant affablement avec chacun en grec – car il n'ignorait pas cette langue –, il était plein de douceur et de gentillesse, persuadant les uns, fléchissant les autres par sa parole, louant ceux qui parlaient bien. En les poussant tous à s'accorder, il les rendit tous du même avis et d'opinion identique sur tous les points en discussion, de sorte que la foi fut fortifiée d'une seule voix et que la même date pour la fête salutaire[6] fut reconnue par tous. Les décisions prises en commun étaient sanctionnées alors par écrit par la signature de chacun.

Eusèbe de Césarée, *Vie de Constantin*,
III, VII ; X ; XI ; XII, 1, 4 ; XIII-XIV.

Le concile de Nicée s'accompagne de la célébration des vingt ans de règne. Il se conclut par l'adoption d'une formule de foi à l'explication de laquelle Constantin aurait contribué. Eusèbe de Césarée en donne un exemple.

Quand nous eûmes exposé cette foi, personne n'y trouva motif à contredire, mais, le premier, notre empereur lui-même, très cher à Dieu, attesta qu'elle était parfaitement correcte. Il déclara que lui-même pensait ainsi et invitait tout le monde à approuver celle-ci, à souscrire à ces doctrines et à être d'accord avec ces termes

6. La fête de Pâques, qui était célébrée à des dates diverses selon les Églises.

mêmes, en ajoutant seulement le terme consubstantiel[7]. Ce terme lui-même, il l'interprétait en disant :

« Il n'est pas dit consubstantiel selon ce qui affecte les corps, et ce n'est ni par division ni par quelque scission qu'il tient son existence du Père, car la nature immatérielle, intellectuelle et incorporelle ne peut être sujette à ce qui affecte les corps, et c'est par des paroles divines et ineffables qu'il faut concevoir de pareilles choses. »

Ce sont de telles explications que développait en philosophe le très sage et très pieux empereur.

Eusèbe de Césarée, *Lettre à son Église*,
citée par Socrate, *Histoire ecclésiastique*, I, VIII, 41-43.

La formule de foi contient le mot « consubstantiel » appliqué au Fils, pour signifier que celui-ci possède une divinité égale à celle du Père. Ceux qui refusent de la signer sont déposés et exilés.

Ces évêques publièrent cette formule et jugèrent bon de la faire voter par tous. Ils décidèrent que chacun la ratifierait de sa propre signature. Les partisans d'Arius étaient là présents et faisaient bloc : ils n'acceptèrent pas la foi pieuse. Aussi l'empereur prononça ce très pieux jugement que ceux qui refuseraient de s'associer à la sentence commune des évêques, qu'ils fussent prêtres, diacres ou autres membres du clergé, seraient punis d'exil. Philoumenos fut chargé de l'exécution de cet ordre. Il avait reçu de l'empereur la fonction de *magister*, comme disent les Romains. Il présenta donc à Arius et à ses partisans la profession de foi et leur ordonna de choisir de deux choses l'une : ou bien d'avoir l'impunité en signant, ou bien d'être exilés en s'y refusant. C'est

7. *Homoousios*. Ce terme est appliqué au Fils.

l'exil qu'ils choisirent et de s'enfoncer dans l'abîme de perdition, comme si c'était là chose digne d'eux.

Vie de Constantin du *Codex Angelicus*,
d'après Philostorge, *Histoire ecclésiastique*, I, 9a.

Constantin invite les évêques à un banquet dans le palais impérial.

À cette même époque, la vingtième année de son règne était accomplie. Il y avait des fêtes générales pour tous les peuples, mais pour les ministres de Dieu l'empereur les inaugurait par un banquet, mangeant avec eux après les avoir réconciliés, et c'était comme s'il offrait à Dieu un sacrifice convenable par leur intermédiaire. Aucun des évêques n'était absent de ce banquet impérial. L'événement passe toute description. Les gardes et les soldats, les épées nues, montaient la garde, placés en cercle à l'entrée du palais. Les hommes de Dieu passaient sans crainte entre leurs rangs et pénétraient à l'intérieur du palais impérial. Ensuite les uns prenaient place à table auprès de l'empereur, les autres s'allongeaient sur les divans placés de chaque côté. On aurait pu se figurer que c'était une image du royaume du Christ, et que ce qui se passait était un rêve, non la réalité.

Eusèbe de Césarée, *Vie de Constantin*, III, XV.

Après le concile, l'empereur adresse une longue lettre aux Églises invitant à l'unité de la foi.

Constantin Auguste aux Églises. Ayant fait l'expérience, du fait de la réussite des affaires publiques, de combien grande est la grâce de la puissance divine, j'ai estimé que ce but me convenait avant tout : qu'une foi unique, un amour sincère et une piété sans divergence envers le Dieu tout-puissant soient conservés dans les très bienheureuses multitudes de l'Église catholique. Mais il n'était pas possible d'obtenir cela de manière ferme et solide s'il n'y avait une décision de tous les évêques rassemblés en un même lieu – ou du moins de la plupart –, sur chacun des points qui concernent la très sainte religion. C'est pourquoi le plus grand nombre possible s'assemblèrent (moi-même je me trouvais présent, comme l'un de vous, car je ne puis nier ce qui me réjouit au plus haut point : que je suis devenu votre compagnon de service), et toutes les questions furent examinées comme il convient, jusqu'à ce que soit mis en lumière l'avis qui plaisait au Dieu qui veille sur toutes choses pour un accord qui fasse l'unité ; de la sorte, il n'est plus resté de place pour la dissension ou la controverse sur la foi. Ensuite, sur la question relative au jour très saint de la Pâque, il a été décidé d'un commun accord qu'il était bon que tous partout le célèbrent le même jour. Que pourra-t-il y avoir de plus beau, de plus religieux que de voir cette fête par laquelle nous avons reçu l'espérance de l'immortalité observée sans erreur par tous, selon un ordre unique et une norme claire ? [...]

Eusèbe de Césarée, *Vie de Constantin*, III, XVII - XVIII, 1.

Les décisions du concile ne sont pas acceptées par tous et les querelles continuent.

Comme nous l'avons trouvé à partir de diverses lettres que les évêques s'écrivaient les uns aux autres après le concile, c'est le terme « consubstantiel » qui en troublait certains : en s'épuisant en discussions sur lui, ils provoquèrent la guerre entre eux. Ce qui arriva ne différait en rien d'un combat de nuit, car les uns et les autres semblaient ne pas comprendre pour quelle raison ils se considéraient mutuellement comme des blasphémateurs. Les uns, qui évitaient le terme consubstantiel, pensaient que ceux qui l'acceptaient introduisaient l'opinion de Sabellius et de Montan, et ils les appelaient blasphémateurs parce qu'ils supprimaient l'existence propre du fils de Dieu. À l'inverse, les autres, attachés au consubstantiel, estimant que les autres introduisaient le polythéisme, les fuyaient comme des introducteurs du paganisme[8].

Socrate, *Histoire ecclésiastique*, I, XXIII, 6-7.

La crise arienne se poursuivra durant plusieurs décennies. Constantin n'est plus intervenu directement dans le débat doctrinal, se contentant de confirmer la condamnation d'Arius, qui avait été exilé après le concile.

Constantin Vainqueur, Très Grand Auguste, aux évêques et aux peuples.

Puisque Arius a imité les méchants et les impies, il est juste qu'il subisse le même déshonneur qu'eux. De même que Porphyre[9], l'ennemi de la piété envers

8. Les disciples de Sabellius (un théologien africain du IIIe siècle) considèrent que Père et Fils ne sont que des modes d'expression de la même divinité, n'ont pas de personnalité réelle ; ils considèrent que ceux qui parlent de deux ou trois personnes distinctes (les Grecs disent « hypostases ») affirment en réalité trois dieux.

9. Philosophe néoplatonicien (seconde moitié du IIIe siècle), élève de Plotin et éditeur de ses œuvres, auteur lui-même de plusieurs ouvrages philosophiques.

Dieu, pour avoir composé des traités criminels contre la religion, a reçu le châtiment qu'il méritait – il est couvert d'opprobre pour le temps à venir, il est affecté d'une exécrable réputation, on a fait disparaître ses ouvrages impies –, de même il a été décidé maintenant qu'Arius et ceux qui partagent son opinion soient appelés Porphyriens, pour qu'ils aient aussi le nom de ceux dont ils ont imité la conduite. En outre, si l'on découvre quelque écrit composé par Arius, il sera livré au feu, pour que non seulement on fasse disparaître ses enseignements pervers, mais qu'il ne reste absolument aucun souvenir de lui. Aussi je décrète que, si quelqu'un est convaincu d'avoir caché un écrit composé par Arius et de ne pas l'avoir apporté aussitôt et détruit par le feu, le châtiment pour lui sera la mort : aussitôt pris, il subira pour cela la peine capitale. Dieu vous gardera.

Athanase d'Alexandrie, *Sur les décrets du concile de Nicée*, 39, cité par Socrate, *Histoire ecclésiastique*, I, IX, 30-31.

Cependant, Constantin, toujours soucieux d'établir l'unité religieuse parmi les chrétiens, rappela d'exil Arius.

L'empereur, qui voulait soumettre Arius à examen, le faisait venir au palais et lui demandait s'il se conformait aux définitions du concile de Nicée. Celui-ci, sans hésiter, donnait son accord avec empressement et souscrivait frauduleusement à ce qui avait été défini sur la foi. L'empereur, étonné, demandait aussi un serment, et celui-ci le faisait frauduleusement. La manière dont il usait pour son serment, je la transcris telle que je l'ai entendue. Arius avait écrit sur une feuille à part, dit-on, l'opinion qui était la sienne, et il la portait sous l'aisselle : il jurait donc avec vérité qu'il pensait comme c'était écrit. Que cela se soit passé ainsi, je l'ai écrit pour l'avoir entendu dire ; mais qu'il ait écrit et qu'il ait ajouté un serment à ce qu'il avait écrit, je l'ai lu dans les lettres de l'empereur. L'empereur, l'ayant cru, ordonna qu'il soit reçu dans sa communion par l'évêque de Constantinople Alexandre.[10]

Socrate, *Histoire ecclésiastique*, I, XXXVIII, 1-5.

Constantin constructeur d'églises

À Rome.

Le Liber Pontificalis, *dans sa biographie du pape Silvestre (314-335), attribue à Constantin la construction de la basilique Constantinienne (Saint-Jean de Latran), celles de Saint-Pierre au Vatican, de Saint-Paul hors les murs, de Sainte-Croix de Jérusalem, de Saint-Sébastien, des Saints-Pierre-et-Marcellin, de Saint-Laurent et de Sainte-Agnès[11], ainsi que des dons très importants faits à ces églises. Un exemple de ces dons :*

Dans la basilique Constantinienne, il déposa ces dons : un baldaquin en argent battu ; sur sa partie antérieure était représenté le Sauveur assis sur un siège et les douze apôtres avec des couronnes en argent très pur, sur la partie arrière, qui regarde l'abside, le Sauveur assis sur un trône et les anges, en argent très pur, ayant les yeux

10. Admission qui n'aura pas lieu du fait de la mort subite d'Arius.

11. Les deux derniers édifices sont apparemment dus à d'autres membres de la dynastie ; l'attribution à Constantin de Saint-Paul hors les murs est seulement plausible.

faits d'onyx ; à la voûte, en or très pur, était suspendue une lampe avec cinquante dauphins en or [...].

Liber Pontificalis, 34.

En Palestine.

Après la redécouverte du tombeau du Christ, en 326, Constantin ordonne de bâtir un grand sanctuaire autour de celui-ci.

Aussitôt l'empereur ordonne, par les dispositions de pieuses lois accompagnées de généreuses dotations, que soit construit autour de la grotte salutaire[12], avec une richesse et une magnificence royales, une maison de prière digne de Dieu ; il avait conçu ce projet de longue date et avait vu ce qu'il devait être avec une prévoyance supérieure. Tandis qu'il enjoignait aux gouverneurs des nations orientales de réaliser un ouvrage d'une ampleur et d'une richesse extraordinaires grâce à l'abondance et la munificence de ces crédits, il envoyait à l'évêque qui présidait alors à l'église de Jérusalem une lettre dans laquelle apparaissaient clairement la piété de son âme et la pureté de sa foi en la parole salutaire. Voici le texte de cette lettre :

« Vainqueur Constantin Très Grand Auguste à Makarios de Jérusalem.

Si grande est la grâce de notre Sauveur qu'aucune prestation de paroles ne semble digne de l'événement présent. Que le signe de cette Très Sainte Passion soit resté caché sous terre pendant tant d'années, jusqu'au moment où il devait briller à nouveau pour ses serviteurs,

12. Il s'agit du tombeau du Christ, qui était creusé dans le roc.

libérés par la défaite de l'ennemi commun à tous, voilà qui surpasse vraiment tout étonnement. [...] Je veux que tu en sois absolument convaincu : j'ai à cœur plus que tout maintenant que ce lieu sacré, que sur l'ordre de Dieu j'ai soulagé – comme d'un poids qui l'accablait – de l'idole très déshonorante qu'on y avait placée[13], ce lieu qui a été rendu saint dès l'origine par décision de Dieu, mais qui a été manifesté plus saint encore depuis qu'il a mis en lumière le gage de foi de la Passion salutaire, nous l'ornions par de magnifiques édifices. Il revient donc à Ton Intelligence de disposer et de prévoir tout ce qui est nécessaire, pour que non seulement la basilique soit supérieure à celles de partout, mais aussi pour que les autres bâtiments soient tels que tout ce qu'il y a de plus beau dans chaque ville soit surpassé par cette réalisation.

En ce qui concerne la construction et la décoration des murs, sache que nous en avons confié le soin à notre ami Drakillianos, qui occupe les fonctions de préfet du prétoire, et au gouverneur de la province. Il a été ordonné par Ma Piété qu'artisans, ouvriers et tout ce dont ils apprendront que ce sera jugé nécessaire pour la construction par Ton Intelligence soient envoyés aussitôt par leur prévoyance. En ce qui concerne les colonnes, les marbres et ce que tu estimeras le plus précieux et le plus utile, veille toi-même, après examen, à m'écrire à ce sujet, afin que, lorsque nous aurons appris par ta lettre combien sont nécessaires et de quelle sorte, on puisse faire venir cela de partout. Il est juste en effet que le lieu le plus admirable de l'univers soit orné selon sa dignité. C'est de toi que je veux savoir si la voûte de

13. Une statue d'Aphrodite.

la basilique doit être lambrissée ou faite d'une autre manière ; si elle doit être lambrissée, elle pourra être rehaussée d'or. Il reste à Ta Sainteté de faire connaître le plus vite possible aux fonctionnaires mentionnés ci-dessus combien d'ouvriers, d'artisans et de finances sont nécessaires. Veille à m'en référer rapidement, non seulement en ce qui concerne les marbres et les colonnes, mais aussi en ce qui concerne les lambris, si tu estimes que c'est plus beau. Dieu te gardera, frère bien-aimé. »

Voilà ce qu'écrivit l'empereur. Dès les ordres donnés, ils étaient exécutés. Alors était bâtie auprès du témoignage salutaire lui-même la nouvelle Jérusalem, en face de celle que l'on appelait ainsi jadis, qui après le meurtre sanglant du Seigneur, jetée à bas et dévastée, avait subi le châtiment de ses habitants impies. [...] Tout d'abord, l'empereur décorait la grotte sacrée, comme si elle constituait l'élément essentiel. C'était un monument tout rempli du souvenir éternel, qui enfermait les trophées de la victoire du Sauveur contre la mort, un monument admirable, à l'endroit où un ange éclatant de lumière avait annoncé à tous la bonne nouvelle de la résurrection opérée par le Sauveur. C'est donc d'abord ce lieu que l'empereur ornait généreusement, comme s'il constituait l'élément essentiel, avec des colonnes remarquables, en faisant resplendir la vénérable grotte d'ornements de toutes sortes[14].

Il s'occupa ensuite d'un immense atrium qui s'étendait à ciel ouvert, dont le sol était orné d'un brillant

14. La grotte du tombeau était enchâssée dans un petit édicule entièrement décoré.

dallage et qui était entouré sur trois côtés de grandes galeries de portiques[15].

Puis, du côté opposé à la grotte, qui regardait vers l'Orient, l'empereur accola un temple, ouvrage extraordinaire par sa hauteur infinie et son extrême étendue en longueur et en largeur. L'intérieur de la construction laissait voir des incrustations de marbres aux couleurs variées, tandis que l'extérieur des murs, rendu brillant par des pierres polies harmonieusement reliées entre elles, offrait un type de beauté merveilleux, qui ne le cédait en rien à celle du marbre. Au sommet, un revêtement de plomb était posé à l'extérieur du toit, protection sûre contre les pluies d'hiver, tandis qu'à l'intérieur un plafond magnifique aux lambris sculptés, élargi d'entrelacs courant sans interruption, comme une immense mer à travers toute la basilique, et rehaussé de tous côtés d'or étincelant, faisait resplendir le temple de scintillements de lumière. De chaque côté s'étendaient sur toute la longueur du temple des galeries formant un double portique supérieur et inférieur, aux plafonds également incrustés d'or. Le portique situé le long des côtés de l'édifice reposait sur d'énormes colonnes, celui placé à l'intérieur du premier était soutenu par des piliers dont la surface était très ornementée. Trois portes bien disposées vers le soleil levant accueillaient la foule des visiteurs[16].

En face de celles-ci, le couronnement de tout était un hémisphère[17], placé à l'extrémité de la basilique,

15. Le monticule du Golgotha était pris dans un des portiques de cet atrium.

16. La grande basilique s'appelait le *Martyrium*.

17. Ce qu'était exactement cet hémisphère reste objet de discussion.

que couronnaient douze colonnes, égales en nombre aux apôtres du Sauveur. Leur sommet était orné d'énormes cratères, magnifique offrande que l'empereur lui-même avait dédiée à son Dieu [...].

L'empereur édifiait donc ce temple comme un témoignage manifeste de la résurrection salutaire, l'ayant entièrement embelli avec une riche et impériale décoration. Il l'ornait des splendeurs incalculables d'un très grand nombre d'offrandes d'or, d'argent et de pierres précieuses dans des matériaux divers. Ce n'est pas le lieu de décrire dans le détail la finesse du travail accompli en grandeur, abondance et variété.

Eusèbe de Césarée, *Vie de Constantin,* III, XXIX-XXXVIII, XL

À Bethléem, puis sur le mont de l'Ascension.

Il s'occupait aussi dans cette région de deux autres sites vénérés pour leurs grottes mystiques et ornait ceux-ci de riches libéralités. À la grotte de la première théophanie du Sauveur, là où il se soumit à la naissance charnelle, il accorda les honneurs qui convenaient. À celle de l'Ascension dans les cieux, il honora ce souvenir sur la montagne.

Eusèbe de Césarée, *Vie de Constantin*, III, XLI.

À Mambré.

Il faisait encore d'autres églises : il en fit construire une à l'endroit qu'on appelle le chêne de Mambré, sous lequel les anges furent reçus par Abraham, comme le racontent les textes sacrés. Ayant appris qu'un autel se dressait sous le chêne et que des sacrifices païens étaient célébrés sur lui, l'empereur en fait le reproche par lettre à Eusèbe, l'évêque de Césarée, et il ordonne que l'autel soit renversé et qu'une maison de prière soit construite près du chêne.

Socrate, *Histoire ecclésiastique*, I, XVIII, 5-6.

Hélène, la mère de Constantin, est envoyée en Palestine en 327 pour superviser les travaux. La légende, dont Socrate déjà fait état, lui attribue un rôle dans la découverte de la Croix.

La mère de l'empereur, Hélène – en l'honneur de qui l'empereur fit une cité de ce qui était autrefois le village de Drépané et lui donna le nom d'Hélénopolis –, qui en avait reçu l'avis en songe, se rendit à Jérusalem. Ayant trouvé ce qui fut un jour Jérusalem désert comme la cabane d'un gardien de verger, selon le prophète[18], elle recherchait avec ardeur le tombeau où le Christ avait été enseveli et où il était ressuscité ; recherche difficile, mais avec l'aide de Dieu elle le trouve. La raison de la difficulté, je la dirai brièvement. Ceux qui s'accordaient avec la doctrine du Christ, après le temps de la Passion, vénéraient le tombeau, mais ceux qui rejetaient la doctrine du Christ le firent disparaître en couvrant l'endroit de terre ; après avoir construit au-dessus un temple d'Aphrodite, ils y dressèrent une statue, pour que les chrétiens, en voyant la statue, ne puissent se souvenir de ce lieu. Telle était la situation depuis longtemps, mais pour la mère de l'empereur ce redevint alors manifeste. Ayant fait abattre l'idole, déblayé et dégagé l'endroit, elle trouve trois croix dans le tombeau, la très bienheureuse

18. *Isaïe*, 1, 8.

sur laquelle Dieu avait été étendu et les autres, sur lesquelles étaient morts les deux brigands crucifiés avec lui. Avec elles on trouvait aussi la planchette de Pilate sur laquelle il proclamait roi des juifs, par un avis en divers caractères, le Christ crucifié.

Socrate, *Histoire ecclésiastique*, I, XVII, 1-4.

Constantin fait construire des églises dans d'autres villes.

Il honorait pareillement la métropole de la Bithynie, Nicomédie, avec la dédicace d'une très vaste et splendide église, en élevant là à son Sauveur, avec ses propres fonds, comme des monuments de victoire sur ses ennemis et les ennemis de Dieu. Les plus importantes cités des autres provinces, il les fit se distinguer par les embellissements de lieux de prière, ainsi qu'il le fit pour la ville d'Orient qui a pris le nom d'Antiochus. Là, parce que c'était la capitale des peuples de cette région, il dédiait une église unique par sa grandeur et sa beauté, ayant entouré tout le temple de grands portiques extérieurs et fait s'élever l'intérieur de la maison de prière à une hauteur prodigieuse. Elle était de forme octogonale, avec de toutes parts des ouvertures à l'étage supérieur comme à l'étage inférieur, et autour d'elles de superbes décorations où abondaient l'or, le bronze et toutes sortes de matériaux précieux.

Eusèbe de Césarée, *Vie de Constantin*, III, XL.

À Constantinople, c'est l'église des Saints-Apôtres.

Ayant fait s'élever le temple tout entier à une hauteur incroyable, il le faisait resplendir avec les couleurs variées de toutes sortes de pierres, appliquées du sol au plafond. Il couvrait tout le plafond d'or, en l'ayant divisé en panneaux finement travaillés. Au-dessus, sur le toit lui-même, il procurait une couverture de bronze au lieu de tuiles, sûre protection de l'ouvrage contre les pluies. Beaucoup d'or faisait briller celui-ci, de sorte qu'en reflétant les rayons du soleil, il envoyait à ceux qui en étaient éloignés des éclats de lumière. Des reliefs treillisés de bronze et d'or couraient autour du bâtiment. C'est ainsi que le temple était honoré par la grande magnificence du zèle de l'empereur. Autour de lui, un très vaste atrium s'étendait à l'air libre, entouré sur quatre côtés de portiques qui séparaient l'atrium du temple lui-même. Des appartements impériaux, des bains et des magasins les bordaient, ainsi qu'un grand nombre de loges convenablement aménagées pour ceux qui gardaient les lieux.

Tout cela, l'empereur le dédiait pour perpétuer auprès de tous les hommes la mémoire des apôtres de notre Sauveur, et il le construisait aussi en ayant un autre dessein, qui tout d'abord secret devenait pour finir manifeste à tous. En vérité, il prépara ce lieu pour le moment où il devrait mourir, prévoyant dans un extraordinaire esprit de foi que sa propre dépouille participerait à l'invocation des apôtres, de sorte qu'après sa mort il puisse bénéficier des prières faites en ce lieu pour honorer les apôtres. C'est pourquoi il ordonnait d'en faire une église, en faisant mettre en place un autel. Il faisait donc élever là douze tombeaux, comme des monuments sacrés en l'honneur et à la mémoire du nombre apostolique ; le sien était placé au centre, avec six de chaque côté. Ainsi, comme il le disait, il avait préparé avec une sage prévoyance un lieu de repos pour son corps après la mort ; ayant depuis longtemps formé cette résolution, il consacrait maintenant cette église aux apôtres, convaincu que ce tribut à leur mémoire ne serait pas d'un mince avantage pour son âme.

Eusèbe de Césarée, *Vie de Constantin*, IV, LVIII - LX, 1.

Il commande cinquante copies de la Bible.

Vainqueur Constantin Très Grand Auguste à Eusèbe de Césarée.

Dans la ville qui porte notre nom, avec l'aide de la providence du Dieu sauveur, une très grande multitude de gens s'est attachée à la très sainte Église, au point qu'ils y sont devenus beaucoup plus nombreux. Il semble donc tout à fait opportun d'y construire aussi davantage d'églises. En conséquence, reçois avec beaucoup d'empressement la décision que nous avons prise. Il a paru bon de faire connaître ceci à Ton Intelligence, pour que tu ordonnes que soient copiés sur du parchemin bien préparé, par des calligraphes compétents et qui connaissent bien leur métier, cinquante volumes des divines Écritures, bien lisibles et faciles à utiliser. Tu sais que la préparation et l'usage de celles-ci sont chose tout à fait nécessaire à la vie de l'Église. Une lettre a été envoyée par Notre Clémence au *rationalis*[19] du diocèse, pour qu'il ait soin de fournir tout ce qui est nécessaire pour leur préparation. Ce sera la tâche de ta diligence que les livres soient prêts au plus vite ; pour le transport, tu es autorisé à utiliser deux voitures publiques, sur la foi de notre présente lettre. Ainsi ces

19. Voir p. 148, note 3.

belles copies seront très aisément transportées jusque sous nos yeux. Un des diacres de ton Église accomplira certainement cette mission : lorsqu'il arrivera chez nous, il fera l'expérience de notre bonté. Dieu te gardera, frère bien-aimé.

Eusèbe de Césarée, *Vie de Constantin*, IV, XXXVI.

Les mesures contre les hérétiques

Un édit vise plusieurs groupes chrétiens dissidents, appelés hérétiques ; sa date est discutée, 324 ou 328-330.

Lettre de l'empereur aux hérétiques athées.

Sachez par ce décret, vous Novatiens, Valentiniens, Marcionites, Pauliens et ceux qu'on appelle Cataphrygiens, et tous ceux, en un mot, qui constituez des hérésies[20] par vos assemblées privées, combien nombreux sont les mensonges dans lesquels est entraînée votre fatuité et combien votre enseignement est attaché à des poisons venimeux, de sorte que par vous ceux qui sont en bonne santé sont rendus malades et ceux qui sont vivants sont conduits à la mort éternelle [...].

C'est pourquoi, parce qu'il n'est pas possible de supporter plus longtemps les effets pernicieux de votre dangerosité, par cette loi nous ordonnons qu'aucun de vous n'ait désormais l'audace de faire des assemblées. Aussi nous avons donné ordre de confisquer les locaux dans lesquels vous tenez des assemblées, la portée de cette mesure allant jusqu'à interdire les

20. Le mot *hairésis*, avant de prendre un sens péjoratif, désigne sans plus un parti, un groupe. Les hérésies visées par cet édit datent du IIe et du IIIe siècles.

rassemblements de votre superstitieuse folie non seulement en public, mais dans une maison privée ou dans des lieux isolés [...].

Pour renforcer l'efficacité de cette mesure curative, nous avons ordonné, comme dit précédemment, que tous vos lieux de réunion, je veux dire les lieux de prière de tous les hérétiques, s'il convient de les appeler lieux de prière, une fois confisqués, soient livrés sans conteste ni délai à l'Église catholique, et que les autres lieux deviennent propriété publique, et qu'il ne vous soit laissé à l'avenir aucune possibilité de vous réunir, de sorte qu'à dater de ce jour vos communautés illégales n'aient plus l'audace de se rassembler en quelque lieu, soit public, soit privé.

Eusèbe de Césarée, *Vie de Constantin*,
III, LXIV, 1 ; LXV, 1, 3, 5.

LES DERNIÈRES ANNÉES

335 - 337

En 335-336, on fête les trente ans du règne de Constantin, les tricennalia.

Les trente ans de son règne étaient accomplis. Ses enfants, les très illustres Césars, avaient été nommés à diverses époques associés à l'Empire. Ce fut d'abord l'homonyme de son père que, pendant la première décennie du règne, il associa à l'honneur de l'Empire ; puis le deuxième, celui qui avait été gratifié du nom de son grand-père, Constance, lors de la fête des *vicennalia* de son père, et le troisième, Constant, qui par le nom qui lui fut donné signifie fermeté et constance, fut promu à la fin de la troisième décennie, celle de la fête présente. Ayant ainsi acquis, à la manière d'une trinité, une triple descendance de fils aimée de Dieu, et ayant honoré celle-ci à chaque décennie par l'adoption du rang impérial, il atteignait son trentième anniversaire pour en faire une occasion favorable d'actions de grâces au roi de tous et décidait qu'il convenait de mener à bien la consécration du *Martyrium*[1] qu'il avait fait élever avec tout l'art voulu à Jérusalem.

Eusèbe de Césarée, *Vie de Constantin*, IV, XL.

1. Voir p. 163, note 16.

L'éloge de Constantin prononcé par Eusèbe lors de cette fête est en réalité une leçon de théologie politique, qui fonde son pouvoir sur la monarchie divine, à l'imitation de laquelle il gouverne le monde. C'est un texte important, qui inspirera tous les empereurs qui se succéderont à Byzance.

Cette panégyrie, seul celui-ci parmi ceux qui ont jamais gouverné l'Empire romain, lui qui a été honoré déjà de trois décennies par Dieu, le roi de tous, ne l'accomplit pas en l'honneur d'esprits chthoniens[2], comme les anciens, ni de fantômes de démons trompeurs, ni de fraudes stupides d'hommes athées, mais c'est à celui-là même qui l'a honoré qu'il rend ses actions de grâces, conscient des biens dont il a été pourvu. Non pas, comme les anciens, en souillant les demeures royales avec du sang et de la boue sanglante, ni en apaisant les démons chthoniens avec de la fumée, du feu et des sacrifices d'animaux entièrement consumés, mais en consacrant au roi de l'univers lui-même un sacrifice qui lui plaise et qui lui soit agréable – son âme royale elle-même et son esprit tout à fait digne de Dieu. Car seul convient à Dieu ce sacrifice que le roi de notre pays a appris à célébrer avec des pensées purifiées, sans feu ni sang, en affermissant sa piété par des doctrines qui ne trompent pas son âme, en proclamant la doctrine de Dieu par un discours admirable, en cherchant à imiter la philanthropie du Tout-Puissant par des actions royales, en se vouant tout entier à lui et en s'offrant lui-même, prémices du monde qui lui a été confié, comme un grand don. Ce très grand sacrifice, le roi

2. Il s'agit des divinités infernales, dont on supposait qu'elles résidaient dans les cavités de la terre.

le célèbre pour tous, mais il sacrifie comme un bon pasteur : non en immolant de splendides hécatombes d'agneaux premiers-nés, mais en conduisant les âmes du troupeau raisonnable qu'il fait paître à la connaissance de Dieu et à la piété.

Et celui-ci, qui se réjouit d'une telle offrande et reçoit volontiers ce don, satisfait du hiérophante de ce splendide et magnifique sacrifice, ajoute à son règne de nombreuses années de plus, accroissant ses bienfaits envers lui pour le récompenser des cérémonies en son honneur. Il lui accorde, avec beaucoup de bienveillance, de célébrer les multiples fêtes de la monarchie en désignant à chaque retour de la panégyrie décennale un de ses fils comme associé du trône royal et en lui accordant une prolongation de temps, comme à une plante florissante et dans toute sa force.

Ce fut d'abord l'homonyme de son père que, pendant la première décennie du règne, il fit apparaître comme associé de l'héritage royal ; puis en deuxième, celui qui le suivait immédiatement, lors de la deuxième décennie, et de la même façon le troisième lors de la troisième décennie, celle de la fête présente[3]. Et alors que déjà commence la quatrième période, parce que le temps s'est prolongé, il fait s'accroître sa royauté par l'association généreuse de sa famille et la proclamation de Césars[4] ; il accomplit ainsi les oracles des divins prophètes qui, autrefois, il y a bien longtemps,

3. Constantin II a été proclamé César en 317, Constance II en 324, Constant en 335.

4. Dalmatius est proclamé César le 18 septembre 335 et Hannibalianus sera déclaré *rex regum* en novembre 335.

ont proclamé : « Et les saints du Très-Haut recevront la royauté. »[5]

C'est ainsi en vérité que Dieu lui-même, le roi de tous, en donnant au roi très aimé de Dieu d'augmenter à la fois ses années et ses enfants, établit son pouvoir sur les nations de la terre, un pouvoir à son apogée et renouvelé, comme s'il venait de naître. Et il célèbre avec lui la panégyrie, l'établissant vainqueur de tous ses ennemis et adversaires et le faisant connaître à tous ceux qui sont sur terre comme un modèle de piété véritable. Et lui, comme la lumière du soleil, par les éclats dont resplendissent les Césars, illumine ceux qui se sont établis dans les lieux les plus éloignés des rayons qu'il projette au loin. Ici, pour nous qui avons en partage l'Orient, il a attribué un rejeton digne de lui, et un autre de ses fils à une autre race d'hommes, et encore un autre ailleurs, tels des flambeaux et des luminaires dont les lumières émanent de lui. Ensuite, ayant lui-même attelé sous l'unique joug de son quadrige royal, comme des poulains, les quatre très vaillants Césars et les ayant formés à l'harmonie avec les rênes d'une concorde et d'une entente inspirées de Dieu, il les dirige d'en haut, tel un cocher, et en même temps qu'il conduit ses chevaux, il surveille d'en haut toute la terre, comme le fait le soleil, étant lui-même présent partout et inspectant toutes choses. Ensuite, paré de l'image de la royauté céleste, regardant vers le haut, il gouverne et dirige ceux d'en bas à la manière de son modèle, confirmé qu'il est par l'imitation d'une autorité monarchique. Cela, le roi de toutes choses l'a accordé à la seule race des hommes parmi les êtres qui sont sur

5. *Daniel*, 7, 18.

terre, car c'est la loi du pouvoir royal qui définit une autorité unique sur tous.

La monarchie l'emporte sur toute espèce de constitution et de gouvernement, car c'est plutôt anarchie ou dissension que le gouvernement de plusieurs, où l'égalité d'honneur suscite des conflits. C'est pourquoi en vérité il n'y a qu'un seul Dieu, et non deux ou trois ou davantage encore (car à dire vrai le polythéisme est athéisme), un seul roi, et de celui-ci un seul *logos* et une seule loi royale.

Eusèbe de Césarée, *Triakontaétérikos*, II, 5-III, 6.

Constantin se fait baptiser et meurt le 22 mai 337.

Au bout de trente ans de règne, à l'âge de soixante-six ans, il mourut à Nicomédie dans la villa publique. Sa mort fut même annoncée par une étoile chevelue d'une grandeur extraordinaire qui brilla quelque temps : c'est ce que les Grecs appellent une comète. Et il mérita d'être mis au nombre des dieux.

Eutrope, *Abrégé*, X, VIII, 2.

Il a un premier malaise, puis la maladie s'y ajoute. Il se rend ensuite aux thermes de sa ville, et de là à la cité qui tire son nom de sa mère [Hélénopolis]. Ayant là passé du temps dans la chapelle des martyrs, il adressait à Dieu des prières de supplication et des demandes. Mais lorsqu'il prenait conscience qu'il arrivait au terme de sa vie, il pensait que c'était le moment de se purifier de ses fautes d'autrefois, en croyant que ces péchés qu'il avait commis comme un homme mortel seraient lavés de son âme par l'efficacité des paroles mystiques du baptême. En considérant cela, il s'agenouillait sur le sol en suppliant Dieu, en se repentant dans le *martyrium* lui-même, où pour la première fois lui était accordée la prière avec imposition des mains. Étant parti de là, il arrive dans les faubourgs de la ville de Nicomédie, et ayant convoqué là les évêques, il leur tint le discours suivant :

« Voici le moment longtemps espéré pour moi qui y aspire et le désire. Il est temps pour nous de recevoir le sceau qui confère l'immortalité [le baptême]. J'avais eu l'intention autrefois de le recevoir dans le Jourdain, là où l'on rapporte que le Sauveur a reçu ce bain comme un exemple pour nous ; mais Dieu, qui sait ce qui est bon pour nous, nous en a jugé digne ici et maintenant. Qu'il n'y ait donc pour nous aucune incertitude. Si le maître de la vie et de la mort veut que je vive de nouveau ici-bas, s'il a décidé que désormais je sois agrégé au peuple de Dieu et que je participe avec tous aux prières de l'Église, je m'imposerai les règles de vie qui plaisent à Dieu. »

Eusèbe de Césarée, *Vie de Constantin*, IV, LXI - LXII, 1-3.

Philostorge assure que Constantin mourut empoisonné.

Parvenu à la trente-deuxième année de son règne, il mourut à Nicomédie, empoisonné par ses frères. Proche de la fin de sa vie et informé de ce complot, il écrivit un testament dans lequel il demandait la punition des assassins, ordonnant que l'inflige celui de ses fils qui arriverait le premier, et il confia le testament à Eusèbe de Nicomédie.

Philostorge, *Histoire ecclésiastique*, II, 16.

Le deuil est décrété à Rome et les funérailles sont célébrées à Constantinople.

Les habitants de la ville impériale – le Sénat lui-même et le peuple de Rome –, quand ils apprirent la mort de l'empereur, tenant cette nouvelle pour funeste et plus désastreuse que tout, étaient plongés dans un deuil sans limite. Bains et marchés étaient fermés, comme les spectacles publics et toutes les activités de loisir habituelles pour des gens heureux. Ceux qui auparavant festoyaient sortaient de chez eux, tristes, et tous ensemble louaient le bienheureux, l'aimé de Dieu, le seul qui méritait véritablement l'Empire. Non seulement ils poussaient de telles acclamations, mais, passant à des actes, ils l'honoraient après sa mort, comme s'il était vivant, avec des monuments portant son image : ils peignaient dans des tableaux en couleur l'image du ciel et le représentaient résidant dans un séjour céleste, au-dessus des voûtes des cieux. Ils nommaient aussi ses fils, eux seulement et pas d'autres, empereurs et Augustes, et avec des cris suppliants demandaient que la dépouille de leur empereur soit conduite chez eux et déposée dans la ville impériale.

Eusèbe de Césarée, *Vie de Constantin*, IV, LXIX.

Ses familiers placèrent le corps de l'empereur dans un cercueil d'or et le transportèrent à Constantinople. Ils le déposaient dans le palais royal sur une estrade et le traitaient avec honneur et une nombreuse garde, comme lorsqu'il était vivant, et cela jusqu'à l'arrivée d'un de ses fils. Après cela, une fois Constance arrivé des régions orientales, il était honoré de funérailles impériales et déposé dans l'église qui porte le nom des apôtres, qu'il avait faite dans ce but même, pour que les empereurs et les prêtres ne soient pas loin des reliques des apôtres.

Socrate, *Histoire ecclésiastique*, I, XL.

QUELQUES JUGEMENTS SUR LE RÈGNE DE CONSTANTIN

Les louanges d'Eusèbe soulignent l'étendue du pouvoir de l'empereur, l'excellence de ses actions et les récompenses qu'il en obtient de Dieu.

Notre empereur a commencé de régner à l'âge où le Macédonien[1] finissait, mais en temps la longueur de sa vie a été double et celle de son règne triple. Ayant fortifié son armée par de douces et sages ordonnances de piété, il fit campagne contre le pays des Bretons et ceux qui habitent l'Océan lui-même, là où le soleil se couche. Il se concilia toute la Scythie, qui dans le nord était divisée en des tribus barbares nombreuses et variées, et s'il a étendu son Empire vers l'extrême sud jusqu'aux Blemmyes et aux Éthiopiens, il n'a pas fait l'acquisition superflue de régions orientales. Mais en illuminant des rayons lumineux de la vraie religion les frontières de toute la terre habitée, jusqu'aux habitants des Indes et ceux qui résident autour du cercle extérieur de la terre, il faisait de tous ses sujets – toparques, ethnarques, satrapes, rois de nations barbares de toutes sortes, qui spontanément le saluaient et lui adressaient leurs vœux en lui envoyant des ambassades avec des dons et des présents, qui font aussi le plus grand cas de sa connaissance et de son amitié. Aussi ils l'honorent chez eux par des images et les dédicaces de statues, et seul

1. Alexandre le Grand.

parmi les empereurs Constantin est connu et acclamé de tous. Quant à lui, en toute liberté, il annonçait, par des proclamations impériales, son propre Dieu aux gens de là-bas.

Mais ce n'est pas en paroles et sans l'accompagner d'actes qu'il faisait tout cela. Progressant en toute vertu, il se glorifiait de toute sorte de fruits de piété. Il se soumettait ceux qui le connaissaient par la magnanimité de ses actions et gouvernait avec des lois de philanthropie, rendant son gouvernement agréable et très apprécié de tous ses administrés. Cela jusqu'à ce que, à la fin, le Dieu qu'il honorait, après qu'il eut lutté durant de longues années dans des combats divins, l'ait couronné des prix de l'immortalité et fait passer d'un règne mortel à la vie sans fin qu'il a réservée aux âmes saintes, non sans avoir fait se lever pour lui une triple descendance de fils comme successeurs de son pouvoir. Ainsi le trône impérial est descendu de son père jusqu'à lui, et par la loi de la nature a été mis en réserve pour ses enfants et leurs descendants et a été étendu comme un héritage paternel jusqu'à un temps indéterminé. Puisse Dieu lui-même, puisqu'il a exalté le bienheureux avec des honneurs lorsqu'il était parmi nous et qu'il l'a paré, une fois mort, des perfections qui viennent de lui, devenir aussi son scribe, inscrivant les prix de ses heureux succès sur les tablettes de monuments célestes pour des siècles sans fin.

Eusèbe de Césarée, *Vie de Constantin*, I, VIII-IX.

Des jugements plus mesurés, mais favorables, de la part d'auteurs païens[2].

Assurément, s'il avait apporté une mesure à sa munificence, à son ambition et aux procédés par lesquels les grands caractères surtout, en voulant aller trop loin par amour de la gloire, aboutissent à un résultat contraire, il n'aurait pas été très différent de la divinité.

Aurélius Victor, *Livre des Césars*, XL, 15.

Cet homme, comparable au début de son règne aux meilleurs princes, le fut à la fin aux médiocres. D'innombrables qualités morales et physiques brillèrent en lui ; il fut très désireux de gloire militaire, sa fortune fut prospère dans les guerres, mais pas au point de surpasser son mérite personnel... Adonné aux beaux-arts et aux études libérales, il s'évertua à mériter une popularité qu'il rechercha en toutes circonstances par son comportement libéral et bienveillant ; incertain à l'égard de quelques amis, il fut remarquable envers les autres, ne négligeant aucune occasion d'augmenter leur richesse et leur gloire. Il promulgua beaucoup de lois, certaines inspirées par le bien et la justice, de plus nombreuses inutiles, quelques-unes sévères.

Eutrope, *Abrégé*, X, VII - VIII, 1.

Il fut avide de gloire au-delà de toute mesure. Il traitait habituellement Trajan de pariétaire, à cause de ses inscriptions affichées sur de nombreux édifices. Il construisit un pont sur le Danube. Il rehaussa de

2. Ils contrastent avec celui de Zosime cité plus haut, p. 117-119.

pierres précieuses son costume impérial et porta en permanence un diadème. Il prit cependant d'excellentes décisions dans de nombreux domaines : il fit cesser les dénonciations calomnieuses par des lois très sévères, favorisa la culture, surtout l'étude des lettres ; lui-même lisait, écrivait, réfléchissait, écoutait les députations et les plaintes des provinces. [...] Il était plus railleur que flatteur, d'où le surnom de Trachala que lui appliqua un proverbe populaire ; pendant dix ans on l'appela l'incomparable, pendant les douze ans suivants le voleur, pendant les dix dernières années le pupille en raison de ses prodigalités sans bornes.

Pseudo-Aurélius Victor, *Abrégé*, XLI, 13-14, 16.

N'est-il pas superflu de rappeler ici comment, après la mort de ton aïeul[3], le choix de celui-ci et le suffrage unanime des armées font monter ton propre père[4] sur le trône ? Son génie militaire ne se fait-il pas mieux connaître par ses exploits que par le langage d'un orateur ? Ce sont des révoltes, non pas des royautés légitimes qu'il vainc en parcourant l'univers entier, et il inspire un si vif attachement à ses sujets, que les soldats, reconnaissants aujourd'hui encore de la générosité de ses présents et de ses faveurs, continuent de le révérer comme un dieu, et que la foule des villes et des campagnes, moins par le désir d'être délivrée du poids de la tyrannie que pour se voir soumise à ton père, souhaite qu'il l'emporte sur ses compétiteurs. Une fois maître de l'univers, après une crise où l'insatiable

3. Constance Chlore.
4. Constantin.

cupidité de son prédécesseur[5] avait tout tari comme le ferait une période de sécheresse, la misère régnant partout tandis que la richesse s'était entassée dans les caves du palais, il en ouvrit les portes et, tout d'un coup, il inonda le monde d'un flot d'abondance. En moins de dix ans, il bâtit la ville qui porte son nom et qui surpasse autant toutes les autres en grandeur qu'elle semble elle-même surpassée par Rome. Or, il est, à mon avis, beaucoup plus avantageux pour elle de venir en second après Rome que de passer pour la première de toutes les autres cités du monde.

Julien, *Éloge de Constance (Discours 1)*, 8.

Son fils[6], ayant donc pris sa succession aux affaires par décision paternelle et par volonté divine, réalisa en toutes ses décisions et en tous ses actes le vœu homérique : il dépassa son père. Et ce qui est le plus fort, c'est que plus il lui a été supérieur, plus il l'a honoré. Il crut en effet qu'il ne devait pas s'installer dans une vie de plaisirs, mais il manifesta son énergie dès la ligne de départ ; et au lieu de gaspiller pour son confort personnel le fruit des travaux de son père, il pensait qu'il commettrait une faute s'il ne s'affichait pas comme l'héritier aussi de ses travaux ; et même si aucun ne se présentait à lui, il ne considérait pas un repos insouciant comme un avantage, et s'il n'éliminait pas les gouverneurs injustes, il avait l'impression de se faire le complice de leurs injustices.

Libanios, *Discours*, 59, 18.

5. Licinius.
6. Constantin.

CHRONOLOGIE

270-275 : Constance Chlore, garde du corps d'Aurélien.

272/277 (27 février) : naissance de Constantin, fils de Constance et de sa concubine Hélène.

288 : Constance Chlore, préfet du prétoire de Maximien Hercule.

293 : Première tétrarchie : Dioclétien et Maximien Augustes, Constance Chlore et Galère deviennent Césars.

Constantin à la cour de Dioclétien et Galère.

303 (23 février) : Dioclétien déclenche la Grande Persécution.

305 (1er mai) : Fin de la première tétrarchie. Constance Chlore et Galère deviennent Augustes, Sévère et Maximin Daïa deviennent Césars. Constance Chlore épouse Théodora.

Peu après, Constantin s'enfuit et rejoint son père en Occident.

306 (25 juillet) : Constance Chlore meurt, Constantin est proclamé empereur par ses troupes. Galère accepte de le reconnaître comme César, mais nomme Sévère Auguste.

(28 octobre) : Maxence est proclamé empereur par ses troupes. Maximien reprend la pourpre et le titre d'Auguste.

307 (premiers mois) : Sévère est défait par Maxence.

(31 mars) : Mariage de Constantin avec Fausta, fille de Maximien. Il prend le titre d'Auguste, que lui reconnaît Maximien.

(été) : Campagne de Constantin contre les Francs.

(automne) : Galère échoue contre Maxence.

308 (avril) : Maximien tente en vain de détrôner Maxence.

(été) : Campagne de Constantin contre les Bructères.

(11 novembre) : Conférence de Carnuntum. Maximien redépose la pourpre, Licinius est proclamé Auguste. Constantin continue de se faire appeler Auguste.

309 (automne) : Maximien reprend la pourpre et s'installe à Arles.

310 (janvier) : Maximien est battu par Constantin à Marseille.

(été) : Campagne de Constantin contre les Francs. Constantin a une vision d'Apollon dans le temple de Grand.

311 (30 avril) : Édit de tolérance de Galère, qui meurt peu après.

312 (printemps) : Constantin passe les Alpes et bat les armées de Maxence à Suse, Turin, Vérone, Aquilée.

(28 octobre) : Bataille du pont Milvius et entrée de Constantin à Rome.

313 (mars) : Constantin et Licinius se rencontrent à Milan ; Licinius épouse la sœur de Constantin, Constantia. Les deux empereurs publient l'« édit » de Milan.

(août) : Maximin Daïa, défait par Licinius à Andrinople en avril, meurt à Tarse.

(octobre) : Constantin convoque un concile à Rome, qui condamne les donatistes.

314 (août) : Constantin convoque un concile à Arles, qui condamne à nouveau les donatistes.

315 (juillet) : Constantin célèbre ses *decennalia* à Rome.

316 (automne) : Constantin bat Licinius à Siscia, Cibalis, la plaine d'Arda.

317 (1er mars) : Traité entre Constantin et Licinius. Crispus, Constantin II et Licinianus sont proclamés Césars.

321 : Rupture des relations entre Constantin et Licinius.

322-323 : Campagnes de Constantin contre les Sarmates et les Goths.

324 (été) : La flotte de Licinius est battue en Propontide.

(3 juillet) : Constantin bat Licinius à Andrinople, puis l'assiège devant Byzance.

(fin de l'été) : Licinius se réfugie à Chrysopolis, où il est battu le 18 septembre.

(8 novembre) : Constance II est proclamé César. Constantin décide de la fondation d'une nouvelle capitale.

325 (mai-juin) : Concile de Nicée. Constantin célèbre ses *vicennalia* à Nicomédie. Licinius est exécuté à Thessalonique.

326 (25 juillet) : Constantin célèbre ses *vicennalia* à Rome.

Crispus et Fausta sont exécutés, de même que Licinianus.

327 : L'impératrice Hélène visite les lieux saints de Palestine.

328-329 : Mort de l'Augusta Hélène à Rome.

330 (11 mai) : Dédicace de Constantinople.

Campagne contre les Taïfales.

332 (début) : Constantin II bat les Goths et les force à signer un traité.

333 (25 décembre) : Constant est proclamé César.

334 : Des Sarmates sont installés sur le sol romain.

Tentative d'usurpation de Calocaerus, battu par Dalmatius.

335 : Dalmatius le jeune est proclamé César et Hannibalius roi des rois.

Concile de Tyr et dédicace du *Martyrium* à Jérusalem (15 septembre).

337 (22 mai) : Mort de Constantin à Nicomédie.

(9 septembre) : Dalmatius, Hannibalianus et d'autres membres de la famille de Constantin sont exécutés. Constantin II, Constant et Constance II prennent le titre d'Auguste et se répartissent l'Empire.

LES ŒUVRES UTILISÉES ET LEURS AUTEURS

Ammien Marcellin (vers 330 - vers 395). Des *Histoires* d'Ammien Marcellin, qui en trente et un livres couvraient toute la période allant du début de règne de Nerva (98) à la bataille d'Andrinople (378), il ne reste plus que les livres 18 à 31, couvrant les années 353-378. On rencontre toutefois dans ces livres du meilleur historien de cette époque quelques passages qui renvoient au règne de Constantin.

Anonyme de Valois. Cet ouvrage publié pour la première fois dans l'édition d'Ammien Marcellin par Henri de Valois (Valesius) se compose de deux parties dues à deux auteurs différents : la première, due à un païen du IVe siècle, couvre les années 293-337 (on l'intitule aussi *Origo Constantini imperatoris*), la seconde, due à un chrétien du VIe siècle, les années 474-526.

Aurélius Victor (vers 330 - 390). Avocat entré dans la carrière administrative et devenu en 361 gouverneur de Pannonie, il a rédigé en 360 un abrégé d'histoire romaine intitulé *Historiae abbreviatae* ou *Livre des Césars* et comptant quarante-deux brefs chapitres ; le règne de Constantin fait l'objet des chapitres 40 et 41. Aurélius Victor est païen, mais ne manifeste aucune hostilité envers les chrétiens.

Pseudo-Aurélius Victor. L'*Épitomé de Caesaribus* est une suite de biographies impériales couvrant la période qui va de la bataille d'Actium (31 av. J.-C.) à la mort de Théodose (395), composée sans doute entre 402 et 408. Le chapitre 41 est consacré à Constantin. L'auteur est sans doute romain, païen sans fanatisme. Plus encore qu'Aurélius Victor, il centre ses développements sur la personnalité des empereurs.

Cedrenus. Georgius Cedrenus (Kédrénos), sans doute un moine, a écrit une chronique (*Synopsis des histoires*) qui va de la création du monde à l'an 1057. Il s'agit d'une compilation d'œuvres plus anciennes, dont la *Chronique* du Pseudo-Syméon ou celle de Georges le moine. Il peut être l'écho de traditions qui ne sont pas attestées ailleurs.

Chronique Pascale. Cet ouvrage a été composé entre 631 et 641 par un clerc inconnu de Constantinople et offre une chronique allant d'Adam à 629. Il tire son nom des remarques faites par l'auteur dans l'introduction sur le cycle pascal. Ses notices historiques sont généralement de grande valeur, en particulier pour l'histoire byzantine.

Code Théodosien. Cet ouvrage est la compilation publiée par Théodose II de très nombreuses lois promulguées dans l'Empire romain depuis Constantin et jusqu'en 439. Il contient de nombreuses constitutions de Constantin.

Eusèbe de Césarée (260/270 - 340). Eusèbe reçut une formation très complète – aussi bien classique que chrétienne – à Césarée de Palestine, dans l'école fondée par Origène au IIIe siècle. Après avoir travaillé durant des années dans cette école et sa bibliothèque et écrit déjà de nombreux ouvrages, il devient évêque de Césarée vers 315 et joue un rôle important dans l'Église de son temps. Parmi ses nombreux écrits, trois fournissent de nombreuses données sur Constantin : l'*Histoire ecclésiastique*, dont le livre IX (composé peu avant 324) couvre les débuts du règne, le *Triakontaétérikos logos*, discours pour les trente ans de règne, prononcé en 337, et la *Vie de Constantin*, écrite entre 337 et 340 (date de la mort d'Eusèbe). Ces ouvrages, riches de données historiques, sont marqués par leur caractère particulier : le premier donne une vision apologétique de l'histoire du christianisme, dans laquelle le règne de Constantin reçoit une interprétation providentielle, le deuxième est un éloge, un discours royal qui a pour but de tracer un portrait idéal de l'empereur chrétien, le troisième relève aussi pour une bonne part du genre de l'éloge. Un des grands avantages d'Eusèbe, outre le fait qu'il a été témoin de plusieurs des événements qu'il rapporte et qu'il a disposé de témoignages directs sur eux, réside dans les textes originaux qu'il cite, des lettres de l'empereur en particulier. Les doutes émis à certaines époques sur l'authenticité de la *Vie de Constantin* et des documents qu'elle cite sont aujourd'hui levés.

La *Chronique* d'Eusèbe a été traduite, révisée, poursuivie de 325 à 378 par saint Jérôme.

Eutrope (après 320). Eutrope a fait une belle carrière dans l'administration, jusqu'à devenir préfet du prétoire d'Illyricum du 6 janvier 380 au 28 septembre 381 et partager le consulat avec Valentinien II en 387. Son

Abrégé (*Breviarium*) a été composé en 369 à la demande de Valens : il couvre toute l'histoire de Rome jusqu'à la mort de Jovien (362) ; quelques pages du livre X sont consacrées au règne de Constantin. Eutrope est très probablement païen et plutôt indifférent envers le christianisme.

Julien empereur (331 ou 332 - 363). Neveu de Constantin, Julien parle à diverses reprises de son oncle. Il le fait dans un discours d'éloge adressé en 356, alors qu'il n'est que César, à son oncle Constance II, mais aussi, cette fois sur le mode satirique, dans *Les Césars*, un écrit de circonstance rédigé en 362, alors qu'il est l'unique Auguste, pour une cérémonie des Saturnales.

Lactance (vers 250 - vers 325). Lucius Caecilius Firmianus Lactantius, né en Afrique du Nord, a été appelé entre 290 et 300 à Nicomédie par Dioclétien pour y être maître de rhétorique latine ; il a pu y être le maître du jeune Constantin. Il sera en tout cas, après 313-314, appelé par Constantin à Trèves pour y devenir le précepteur de son fils aîné Crispus. Il avait commencé d'écrire à Nicomédie, après s'être converti au christianisme. Une de ses œuvres, *La Mort des persécuteurs*, écrite peu après 313, s'attache à montrer que le Dieu des chrétiens se venge de ses ennemis. Après un bref rappel de persécuteurs des siècles précédents, l'ouvrage est consacré aux trois persécuteurs de la première tétrarchie, Dioclétien, Maximien Hercule et Galère, puis à Maximin Daïa. L'ascension de Constantin et ses conflits avec tous ces persécuteurs accompagne le récit de leur chute. Le texte est très favorable à l'empereur. La faveur que lui manifeste Lactance apparaît aussi dans la dédicace de son grand ouvrage apologétique, les *Institutions divines.*

Libanios (314 - 393). Le célèbre rhéteur d'Antioche n'a pas écrit d'ouvrage sur Constantin, mais évoque à diverses reprises des événements de son règne dans ses discours, en particulier dans le *Discours 59 (Éloge des empereurs Constance et Constant)* et dans le *Discours 30 (Sur les statues).*

Liber Pontificalis. Cet ouvrage est constitué d'une série de biographies pontificales. La partie qui va de la vie de Pierre à celle de Silvère (537) a été compilée sous le pape Vigile (537-555).

Panégyriques. Plusieurs panégyriques de Constantin sont connus. Le premier, prononcé à Trèves ou Arles lors du mariage de Constantin avec la fille de Maximien, date du 31 mars 307 et fait l'éloge à la fois de Maximien et de Constantin. Le deuxième est prononcé fin juillet 310 à Trèves par un rhéteur originaire d'Autun. Le troisième est un discours de remerciement adressé à Constantin en 312, lors de ses quinquennales, à Trèves, par un rhéteur originaire d'Autun. Le quatrième, lui aussi anonyme, date de la deuxième moitié de 313, et il a été prononcé lui aussi à Trèves. Le cinquième est dû au rhéteur gaulois Nazarius, date du 1er mars 321 et a été prononcé à Rome pour la quinzième année du règne de Constantin et les quinquennales de ses fils, les Césars Crispus et Constantin II.

Philostorge (vers 370 - vers 430). Il est l'auteur d'une *Histoire ecclésiastique* en douze livres publiée entre 425 et 433 dont Photius a publié une série d'extraits ; on en trouve aussi des fragments dispersés dans d'autres œuvres, dont la *Vie de Constantin* du *Codex Angelicus gr. 22* ou du *Codex Sabaiticus gr. 266*, qui s'en sont inspirés. Philostorge, disciple d'Eunome, un arien extrême (anoméen), présente souvent des données très différentes de celles des autres historiens ecclésiastiques.

Socrate de Constantinople (vers 380 - vers 440). Il est l'auteur d'une *Histoire ecclésiastique* en sept livres, publiée en 438, chacun des livres étant consacré au règne d'un empereur (ou de plusieurs co-empereurs) ; le livre I l'est entièrement au règne de Constantin. Socrate a le souci de mêler histoire profane et histoire ecclésiastique. Ses données sur ce règne sont peu originales, s'inspirant beaucoup d'Eusèbe de Césarée ou de l'*Histoire ecclésiastique* de Rufin d'Aquilée ; il a l'avantage de citer des documents originaux, qu'il a trouvés soit dans l'œuvre d'Eusèbe, soit dans les ouvrages polémiques d'Athanase d'Alexandrie.

Zosime (vers 460). On ignore pratiquement tout de la vie et de la personnalité de Zosime, dont Photius et l'unique manuscrit conservé de son œuvre disent seulement qu'il était comte et ancien avocat du fisc. Son œuvre montre qu'il a vécu pendant un certain temps à Constantinople, qu'il avait une certaine culture littéraire, qu'il était un païen convaincu et détestant le christianisme. Divers indices permettent de le placer entre 498 et 518. Son œuvre unique est l'*Histoire nouvelle*, qui donne d'abord une vue assez rapide de l'histoire de l'Empire romain d'Auguste à Dioclétien, puis traite en détail de la période qui suit jusqu'en 410. Une de ses importantes sources est l'œuvre historique d'Eunape de Sardes (vers 345-420), dont on ne conserve que des fragments. Zosime reproduit sur Constantin le jugement très négatif d'Eunape, qui considère qu'il est à l'origine du déclin de l'Empire.

BIBLIOGRAPHIE

Les traductions des auteurs anciens cités sont dans leur très grande majorité soit des traductions originales, soit des traductions extraites d'ouvrages publiés aux éditions Les Belles Lettres (collection des Universités de France), et d'ouvrages publiés aux éditions du Cerf (collection Sources chrétiennes, revues sauf quand il s'agit de mes propres traductions).

Ammien Marcellin, *Histoires*, tomes I-V, texte établi et traduit par divers auteurs sous la direction de Jacques Fontaine, coll. des Universités de France, Paris, 1968-1984.

Aurélius Victor, *Livre des Césars*, texte établi et traduit par Pierre Dufraigne, coll. des Universités de France, Paris, 1975, 2e tirage 2003.

Pseudo-Aurélius Victor, *Abrégé des Césars*, texte établi et traduit par Michel Festy, coll. des Universités de France, Paris, 1999, 2e tirage 2002.

Cedrenus (Georgius), *Historiarum compendium*, éd. I. Bekker, Corpus Scriptorum Historiae Byzantinae, Bonn, 1838-1839.

Chronicon Paschale, éd. L. Dindorf, Corpus Scriptorum Historiae Byzantinae, Bonn, 1832.

Code Théodosien, livre XVI, traduction de Jean Rougé, introduction et notes de Roland Delmaire avec la collaboration de François Richard, coll. Sources chrétiennes n° 497, Paris, 2005.

Eusèbe de Césarée, *Histoire ecclésiastique*, livres VIII-X, et *Les Martyrs de Palestine*, texte grec, traduction et notes de Gustave Bardy, coll. Sources chrétiennes n° 55, Paris, 1958.

------, *La Théologie politique de l'Empire chrétien. Louanges de Constantin (Triakontaétérikos)*, introduction, traduction et notes de Pierre Maraval, coll. Sagesses chrétiennes, Paris, Cerf, 2001.

------, *La Vie de Constantin*, éd. F. Winkelmann, Griechische Christliche Schriftsteller, Berlin, 1975.

Eutrope, *Abrégé d'histoire romaine*, texte établi et traduit par Joseph Hellegouarc'h, coll. des Universités de France, Paris, 2002.

Julien (l'empereur), *Œuvres complètes.* Tome I, 1re partie, *Discours de Julien César*, texte établi et traduit par J. Bidez ; tome II, 1re partie, *Discours de Julien empereur*, texte établi et traduit par Gabriel Rochefort, coll. des Universités de France, Paris, 1932, 3e tirage 2003 et 1963, 2e tirage 2003.

Lactance, *La Mort des persécuteurs*, introduction, texte critique, traduction et commentaires de J. Moreau, coll. Sources chrétiennes n° 39, Paris, 1954.

------, *Institutions divines*, tome I, introduction, texte critique, traduction et notes de Pierre Monat, coll. Sources chrétiennes n° 326, Paris, 1986.

Libanios, tome IV, *Discours LIX*, texte établi et traduit par Pierre-Louis Malosse, coll. des Universités de France, Paris, 2003.

Liber Pontificalis, éd. L. Duchesne, Paris, 1886-1892.

Orose, *Histoires (Contre les païens)*, tome III, livre VII, index, texte établi et traduit par Marie-Pierre Arnaud-Lindet, coll. des Universités de France, Paris, 1991, 2e tirage 2003.

Panégyriques latins, tome II. *Les Panégyriques constantiniens* (VI-X), texte établi et traduit par Édouard Galletier, coll. des Universités de France, Paris, 1952, 2e tirage 2003.

Philostorge, *Histoire ecclésiastique*, éd. J. Bidez, Griechische Christliche Schriftsteller 21, Leipzig, 1913, éd. J. Bidez et F. Winkelmann (3e éd.), Berlin, 1981.

Photius, *Bibliothèque*, tomes I-VIII, texte établi et traduit par René Henry, coll. des Universités de France, Paris, 1959-1977.

Rufin d'Aquilée, *Histoire ecclésiastique*, éd. T. Mommsen, Griechische Christliche Schriftsteller 9, 2, Berlin, 1909.

Socrate de Constantinople, *Histoire ecclésiastique*, livre I, texte grec de l'édition G. C. Hansen (GCS), traduction et notes de Pierre Maraval, coll. Sources chrétiennes n° 477, Paris, 2004.

Zosime, *Histoire nouvelle*, tome I (livres I-II), texte établi et traduit par François Paschoud, coll. des Universités de France, Paris, 2000, 2e tirage 2003.

Lenski (N.), *The Cambridge Companion to the Age of Constantine*, Cambridge, 2006 (avec une abondante bibliographie).

Piganiol (A.), *L'Empire chrétien (325-395)*, Paris, 1972.

Turcan (R.), *Constantin et son temps : le baptême ou la pourpre ?*, Paris, 2006.

ARBRE GÉNÉALOGIQUE

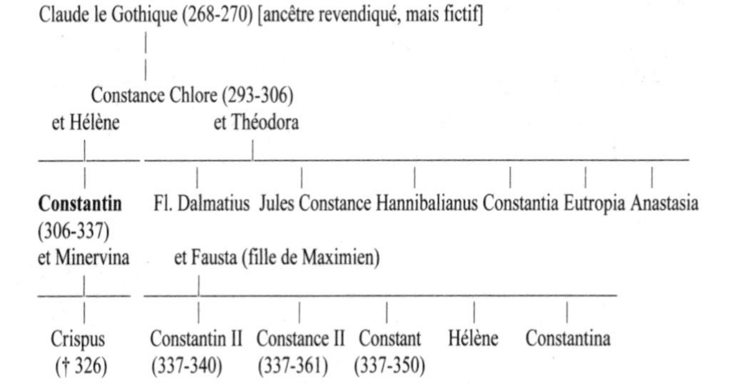

York
BRETAGNE
GERMANIE
Cologne
Rhin
Seine
Trèves
OCÉAN
ATLANTIQUE
Loire
GAULE
RHÉTIE
Autun
ALPES
Aquilée
Milan
Turin
Rhône
Pô
Vérone
Ebre
PYRÉNÉES
Arles
Marseille
ITALIE
HISPANIE
CORSE
Tibre
Rome
SARDAIGNE
SICILE
Carthage
Cirta
MAURÉTANIE
NUMIDIE

SCYTHIE
DACIE
Danube
PONT EUXIN
COLCHIDE
Hadrianopolis
BITHYNIE
MACÉDOINE
THRACE
Byzance/Constantinople
CAPPADOCE
Philippes
Nicomédie
Thessalonique
Nicée
Tigre
Hellespont
MÉSOPOTAMIE
MER ÉGÉE
Euphrate
CILICIE
Tarse
Athènes
Babylone
SYRIE
CRÈTE
CHYPRE
PHÉNICIE
ER MÉDITERRANÉE
Jérusalem
Mambré
Alexandrie
Babylone (Le Caire)
Memphis
LIBYE
Nil
ÉGYPTE

TABLE

COLLECTION
SIGNETS BELLES LETTRES
dirigée par Laure de Chantal

1. Panthéon en poche
Dieux et déesses de l'Antiquité

2. À la table des Anciens
Guide de cuisine antique

3. Séduire comme un dieu
Leçons de flirt antique

4. À l'école des Anciens
Professeurs, élèves et étudiants

5. À la rencontre de l'Étranger
L'image de l'Autre chez les Anciens

6. Sur la mer violette
Naviguer dans l'Antiquité

7. Monstres et merveilles
Créatures prodigieuses de l'Antiquité

8. Professionnelles de l'amour
Antiques & impudiques

9. Dixit
L'art de la parole dans l'Antiquité

10. Des lyres et cithares
Musiques & musiciens de l'Antiquité

À paraître

Homosexualité. Aimer en Grèce et à Rome

Ce volume,
le sixième
de la collection
La véritable histoire,
publié aux Éditions Les Belles Lettres,
a été achevé d'imprimer
en janvier 2010
sur les presses
de la Nouvelle Imprimerie Laballery
58500 Clamecy, France

N° d'éditeur : 6999 – N° d'imprimeur : 001159
Dépôt légal : février 2010
Imprimé en France